Inteligencia Artificial para SEO

Inteligencia Artificial para SEO

Laura Sánchez Rodríguez

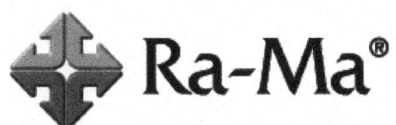

La ley prohíbe
fotocopiar este libro

Inteligencia Artificial para SEO
Código THEMA: Optimización para motores de búsqueda (SEO) / marketing digital
Código BISAC: COM060140 – COMPUTERS / Web / Web Programming / SEO
© Laura Sánchez Rodríguez
© De la edición: Ra-Ma 2026

Editado por:
RA-MA Editorial
Calle Jarama, 33, Polígono Industrial Igarsa
28860 PARACUELLOS DE JARAMA, Madrid
Teléfono: 91 658 42 80
Fax: 91 662 81 39
Correo electrónico: *info@grupoeditorialrama.com*
Internet: *www.ra-ma.es* y *www.ra-ma.com*
ISBN impreso: 979-13-88059-12-4
ISBN ePub: 979-13-88059-13-1
El e-book de esta obra es accesible y cumple con la norma WCAG 2.2 nivel AAA.
Depósito legal: M-26046-2025
Maquetación: Antonio García Tomé
Diseño de portada: Antonio García Tomé
Filmación e impresión: Safekat
Impreso en España en enero de 2026

A mis padres.
Por convertirse, sin quererlo, en observadores de tanta decisión,
de tantos cambios y de tantos comienzos.
Gracias por acompañar cada etapa con calma,
por sostener mis dudas sin pedir explicaciones y
por celebrar mis avances como si fueran vuestros.

A mis hermanos.
Gracias por formar parte de mi historia y
por todo lo que aprendí a vuestro lado, incluso en los momentos en los que
parecía que nada ocurría.
Vosotros estabais ahí, enseñándome a compartir silencios,
a observar sin prisa y a analizar el mundo desde
esa distancia que solo entiende la hermana mayor.
Porque la compañía, a veces, no necesita palabras.

A mis hijas, que ya son mujeres.
Por acompañarme sin juzgar, por admirar mi decisión y por permanecer
atentas a cada cambio de rumbo.
Espero ser un referente para vosotras,
como vosotras lo sois para mí.
Gracias por ser mi motivo, mi orgullo y
mi revolución silenciosa.

A mi marido, compañero de vida y padre de mis hijas.
Aunque seamos la noche y el día,
gracias por caminar conmigo incluso
cuando nuestros ritmos no coinciden.
Eres luz cuando dudo, equilibrio cuando todo se mueve
y refugio cuando el mundo pesa.
Gracias por sostener mi existencia con
calma, amor y verdad, y por convertir lo cotidiano
en un acto de amor constante.

ÍNDICE

ACERCA DE LA AUTORA

Laura Sánchez Rodríguez

Soy Laura, fundadora de FormaSEO, y desde el 2009 acompaño a emprendedores y pequeñas empresas en su camino digital. Vengo de una época en la que trabajar en las empresas era casi artesanal, y recuerdo perfectamente cuando apareció el ordenador y muchos pensamos que iba a sustituir la máquina de escribir, igual que antes creímos que la máquina sustituiría a la pluma. Cada avance llegaba con el mismo cóctel de miedo, duda y fascinación.

Esa evolución constante me enseñó algo esencial: la tecnología no reemplaza al profesional, sino que amplifica lo que puede hacer. Por eso, cuando llegó la inteligencia artificial, decidí integrarla en mi trabajo no como un atajo, sino como un acelerador de criterio, creatividad y precisión.

Hoy combino el SEO tradicional con el potencial de la IA para ayudar a personas reales, sin tecnicismos innecesarios y con una metodología práctica centrada en entender el negocio, la intención de búsqueda y el valor que cada proyecto puede aportar. A lo largo de estos años he visto cómo cambiaban los motores de búsqueda, cómo evolucionaban las reglas y cómo nacían nuevas oportunidades para quienes sabían adaptarse.

Este libro nace de esa experiencia: un SEO más humano, claro y eficaz, potenciado por herramientas modernas sin perder la esencia de siempre. Porque solo entendiendo los orígenes del SEO podemos comprender su evolución y aprovechar todo lo que está por venir.

1

INTRODUCCIÓN

1.1 QUÉ ES EL SEO Y POR QUÉ DEBERÍA IMPORTARTE

Si tienes un negocio, una idea o simplemente estás intentando dar visibilidad a tu proyecto, te diré algo que aprendí hace ya más de quince años: no basta con tener una web, hay que lograr que te encuentren.

Hoy en día, millones de personas buscan cada día en Google respuestas, productos, soluciones... y la gran mayoría solo mira las primeras posiciones. Lo que no está ahí, prácticamente no existe.

Y aquí es donde entra el SEO. Pero tranquilo, no hace falta que te asustes con la palabra. SEO significa Search Engine Optimization (optimización en buscadores), o lo que es lo mismo: hacer que tu web aparezca lo más arriba posible cuando alguien busca lo que tú ofreces. Y sí, eso se puede aprender. Incluso si no tienes conocimientos técnicos. Incluso si no sabes por dónde empezar.

1.2 UNA OPORTUNIDAD QUE MUCHOS ESTÁN DESAPROVECHANDO

La mayoría de emprendedores aún no se atreven a dar el paso. No saben cómo funciona Google, desconocen la forma de elegir palabras clave efectivas y dejan pasar las herramientas que la inteligencia artificial ya pone al alcance de cualquiera. Esa es la buena noticia: la mayoría no lo está intentando.

Tú, en cambio, estás a punto de hacerlo. Y eso ya te coloca en una posición privilegiada, por delante de muchos competidores. Si aprendes a combinar estrategia digital, palabras clave bien seleccionadas y el apoyo de la IA, podrás atraer clientes de forma constante, mejorar tu visibilidad y multiplicar tus oportunidades de negocio.

El SEO es una oportunidad. Es la oportunidad de los valientes, de los que quieren que el mundo les conozca, de los que quieren comunicarse con los clientes de una forma digital, de los emprendedores que montan negocios como extensión de su propia personalidad. De personas que se arriesgan todos los días a mostrarse a la gente, ofreciendo productos y servicios que les apasionan.

El SEO no hace distinciones. No le importa si eres rico o pobre, si tu producto es el mejor del mercado o simplemente es bueno, bonito y asequible. No distingue razas, ideologías ni clases sociales.

El SEO es profundamente democrático. Está al alcance de todos: comercios, pequeños negocios, pymes, grandes organizaciones, personas que pueden pagar publicidad y equipos... y también aquellas que arrancan desde cero, con pocos recursos pero con muchas ganas.

El SEO es visibilidad. Y cuidado: permite la visibilidad tanto para lo bueno como para lo malo. Por eso, si tienes un negocio (y para mí un negocio siempre es la extensión de una persona), pon atención en lo que estás mostrando al mundo. Hazlo bien. Y aprovecha esa visibilidad como una herramienta para crecer, conectar y transformar.

1.3 CÓMO FUNCIONA GOOGLE REALMENTE

Google es una especie de bibliotecario gigante. Cada vez que alguien escribe algo en el buscador, su misión es encontrar la mejor respuesta posible. Para decidir qué mostrar primero, Google analiza miles de páginas web, las compara, y elige aquellas que considera más útiles, relevantes y confiables.

¿Y cómo lo hace? Analiza los textos, las imágenes, los títulos, las palabras clave, los enlaces... y también el comportamiento de los usuarios. Qué hacen cuando entran en una web, cuánto tiempo se quedan, si vuelven o si se van enseguida.

Todo cuenta.

Pero hay algo más. Google no solo decide qué información mostrar a las personas; también se ha convertido en el mayor proveedor de información para la inteligencia artificial.

Durante años, ha estado recogiendo datos de nuestras webs y de nuestros comportamientos como usuarios. Todo eso que tú escribes en tu página, los textos de tus productos, tus artículos del blog, tus servicios, tus reseñas… todo queda registrado. Y ahora, con la llegada de la inteligencia artificial, Google se ha convertido en la fuente principal de información para los modelos de IA que usamos cada día.

En España y en muchos otros países, si no estás en Google, no estás en Internet. Y si no estás en Internet, las IAs no te ven. Es como si no existieras para ellas.

Las IAs, en realidad, son como pequeños ayudantes o duendecillos digitales. Buscan, rastrean, analizan, observan, ordenan la información… y luego, muchas veces, nos la presentan en forma de resumen o de respuesta directa. Pero, cuidado: aunque nos hablen con seguridad, nunca pueden certificar que todo sea cierto. Lo que hacen es confiar en que la información que han recogido (principalmente de Google) sea veraz porque otros la han validado antes.

Y ahí es donde tú puedes marcar la diferencia. Entendiendo cómo trabajan estas IAs, puedes generar contenido útil, claro, bien estructurado y veraz, que no solo posicione bien en Google, sino que además sea recogido, interpretado y utilizado por la inteligencia artificial para responder a otros usuarios. ¿Te das cuenta de lo potente que es esto?

Hoy ya no solo competimos por aparecer en las búsquedas, sino también por estar presentes en las respuestas que dan las IAs. Y eso solo lo conseguirás si entiendes las reglas del juego. Tranquilo, para eso estás leyendo este libro.

1.4 LA DIFERENCIA ENTRE TENER UNA WEB Y QUE TE ENCUENTREN

Tener una página web es solo el primer paso. La mayoría de los negocios que conozco –y con los que he trabajado durante años– creían que una vez que su web estaba online, los clientes llegarían solos.

Spoiler: no llegan. Al menos no sin una estrategia.

Tener una web no significa que te encuentren. Tener una web es como pasar de la tarjeta de visita en papel a una tarjeta de visita digital… pero mucho más grande.

Es como tener un gran cuadro, precioso, bien diseñado, con textura, color, estructura y hasta música si quieres… y colgarlo en el salón de tu casa. ¿Quién sabe que está allí? Solo tú.

Quizás algún amigo que viene a tomar algo un domingo por la tarde y al que, con ilusión, se lo enseñas. Pero eso no hace que vendas más. No te trae nuevos clientes. No te posiciona. Y desde luego, no te hace visible.

Eso es exactamente lo que pasa cuando haces una web y no haces SEO.

Puedes tener una web maravillosa, con unas fotos increíbles, un diseño moderno y una estructura clara. Pero cuando la sacas a Internet, estás compitiendo en la autopista digital, y tu web –si no está optimizada– se queda al fondo, muy al fondo. Por delante hay decenas, cientos, miles de webs que ya se han preparado para correr esa carrera.

Y ojo, no todo depende del diseño. Yo soy desarrollador web, técnico y programador, y te lo digo con toda claridad: una buena web necesita una estructura que esté pensada para posicionar. Tiene que estar lista para salir a competir. No basta con que sea bonita. Tiene que poder ser entendida por Google y, ahora también, por la inteligencia artificial.

Porque el día que lanzas tu web no estás lanzando un Ferrari. Estás sacando el coche del garaje por primera vez. Y por muy bueno que sea, no puedes colocarlo directamente en la pole position. No es así como funciona.

Si la dejas aparcada en tu casa, nadie la verá. No competirás con nadie. No te encontrará nadie. Y eso, en un negocio, es lo mismo que no existir.

Tu web es una herramienta magnífica. Es el lugar donde puedes agrupar toda la esencia de tu negocio: tus valores, tus productos, tus servicios, tu historia. Es como un gran tarjetón de visita, pero digital. Y ese tarjetón, hay que ponerlo a rodar.

¿Y cómo lo haces? Comunicando lo que haces. Hablando de tus productos. Explicando tus servicios. Resolviendo las dudas de tus potenciales clientes. Y, sobre todo, dejando que Google y las IAs sepan que estás ahí.

Eso es SEO.

Y el SEO no es solo visibilidad. El SEO es estrategia. Es evolución constante. Es mejorar cada día lo que ofreces a tus posibles clientes. Es ajustar, escuchar, observar lo que funciona y lo que no. Es conocer cómo se comporta una persona cuando busca un producto. Qué le interesa, qué rechaza, qué le hace decidirse por uno u otro.

El SEO es servicio, porque consiste en dar solución a las preguntas reales de las personas. No se trata de "vender lo mejor", sino **de resolver mejor lo que otros necesitan.**

El SEO no es posicionar un producto solo porque tú crees que es el mejor del mundo. No funciona así. No vivimos en un mercado donde la marca impone. Hoy es el usuario quien decide. Las personas compramos lo que queremos, cuando queremos, sin necesidad de que nos lo impongan.

Y en ese contexto, quien mejor entienda el comportamiento humano tendrá más éxito al posicionar su negocio. Las IAs ya lo hacen: analizan qué busca la gente, cómo lo busca, cuándo lo busca y qué respuesta le satisface más. Y Google también.

Por eso, **tu estrategia de SEO debe partir del conocimiento profundo de tu cliente ideal. Qué necesita, qué desea, qué le molesta, qué le facilita la vida.** Ya no estamos en la época de "crear necesidades". Hoy triunfa quien sabe responder a los caprichos del momento… de forma inmediata.

Si tú tienes una web preparada para dar respuesta rápida, clara y útil a lo que la gente busca, entonces tienes un negocio que puede escalar. Pero si no… da igual lo bonita que sea la web.

Piénsalo:

▸ ¿Tienes un e-commerce pero no has puesto botón de compra?

▸ ¿Solo permites pagar por transferencia y no ofreces tarjeta ni financiación?

▸ ¿Ofreces servicios pero no muestras precios ni explicas cómo contratarlos?

▸ ¿Tienes un formulario de contacto pero no respondes nunca?

Eso también lo ve Google. Y afecta a tu posicionamiento.

Porque una web necesita atención constante. Es como un negocio físico: necesita que estés pendiente, que la alimentes, que la mejores. Y la buena noticia es que hoy puedes contar con asistentes automáticos, como chats de IA que resuelvan dudas frecuentes, filtros inteligentes, automatizaciones...

Pero no olvides algo fundamental: al final, siempre debe haber una persona detrás. Una persona que supervise, que responda, que escuche.

Porque seguimos siendo personas haciendo negocios con personas.

Y las IAs están aquí para ayudarnos, no para sustituirnos.

Vamos a aprovecharlas con inteligencia.

1.5 EL SEO COMO OPORTUNIDAD DE CRECIMIENTO PERSONAL

Emprender no es fácil. Requiere coraje, intuición, energía, y muchas veces, lanzarse sin garantías. Requiere creer en una idea, trabajarla, mejorarla, exponerla al mundo y aceptar que no todos la entenderán o la valorarán como tú.

Por eso, **el SEO es una oportunidad única para los valientes.**

Porque es una herramienta que no exige grandes presupuestos. No te obliga a pagar anuncios desde el primer día ni a depender de terceros para mostrar lo que haces. **Te permite ganar visibilidad con tu trabajo, con tu enfoque, con tu autenticidad.**

El SEO es la posibilidad real de que una persona que hoy no te conoce de nada, mañana te encuentre justo cuando necesita algo que tú sabes hacer. Es conectar con desconocidos en el momento exacto en que están buscando lo que tú puedes ofrecer.

Y eso, en el mundo digital de hoy, **vale oro.**

El SEO premia a quienes se esfuerzan por entender a sus clientes.

A quienes ofrecen respuestas claras.

A quienes no se esconden, sino que se muestran y comparten lo que saben hacer.

A quienes, como tú, entienden que **la confianza se construye ofreciendo valor antes que pidiendo algo a cambio.**

Por eso digo que el SEO es para los valientes. Porque no todo el mundo está dispuesto a **construir con constancia**. A revisar sus textos. A mejorar lo que comunica. A observar qué funciona y qué no. A cambiar lo que sea necesario para hacerlo mejor.

El SEO es un ejercicio de empatía y de humildad.

Es preguntarte constantemente:

▶ ¿Estoy ayudando a mi cliente con esto que publico?

▶ ¿Le estoy resolviendo una duda?

▶ ¿Le estoy facilitando una decisión?

El SEO es también una forma de mostrar el alma de tu negocio.

De posicionar no solo palabras, sino valores.

De dejar claro qué haces, cómo lo haces y por qué lo haces.

Y lo mejor es que está al alcance de todos.

No importa si acabas de empezar o si llevas años.

No importa si tienes un presupuesto grande o ajustado.

No importa si tienes un negocio físico o digital, si vendes productos o servicios.

Si estás dispuesto a aprender, a aplicar y a mejorar cada día, el SEO puede abrirte puertas que ni imaginabas. Este libro está aquí para ayudarte a cruzarlas.

El SEO, para mí, se ha convertido en una **especialización de vida**. No solo es una herramienta o una técnica más dentro del marketing digital: es **entrenamiento diario, evolución constante, disciplina profesional y crecimiento personal**.

El SEO es una aventura orgánica. Y lo digo con total sinceridad, después de más de quince años dedicándome a esto. Cada nuevo proyecto es distinto. Cada cliente tiene una visión única. Cada negocio es un universo. Y eso hace que el trabajo de SEO **nunca sea igual**.

Por eso, **los profesionales del SEO no podemos aplicar tarifas estándar.** Porque no hay dos negocios iguales. No hay dos personas iguales detrás de una web. Y no hay dos estrategias que funcionen igual para todos.

El SEO es personalizado, a medida, como un traje hecho por un buen sastre.

Trabajar en SEO me permite observar, descubrir, analizar comportamientos. Me obliga a mantenerme despierta, curiosa, conectada con cómo piensan y sienten las personas al buscar soluciones en Internet. Y eso me apasiona.

El perfil SEO, bien entendido, es mucho más que un técnico:

Es una mezcla de **psicólogo, profesor, mentor, investigador, economista, diseñador de experiencias digitales**.

Y esto es importante: el SEO desarrolla capacidades que muchos ni siquiera saben que tienen. Capacidades para observar. Para conectar ideas. Para entender problemas complejos. Para mejorar procesos.

Capacidades humanas, que hoy más que nunca son necesarias.

Por eso creo que el SEO, como disciplina, es **la formación perfecta** para muchos perfiles digitales actuales:

▼ Estudiantes que terminan grados en marketing, comunicación o desarrollo web.

▼ Freelancers que escriben blogs o gestionan redes.

▼ Técnicos que quieren aportar más valor estratégico.

▼ Emprendedores que desean entender de verdad cómo se genera visibilidad.

Todos ellos pueden beneficiarse enormemente de integrar el SEO en su formación. Y más aún si lo hacen desde una perspectiva doble: **inteligencia emocional + inteligencia artificial**.

Porque en la era que estamos viviendo, donde la IA automatiza muchas tareas, lo que marcará la diferencia será **quién entienda a las personas**.

Y en eso, el SEO sigue siendo y será, una de las habilidades más demandadas y más completas que se pueden desarrollar.

2

ESTRATEGIAS DE SEO CENTRADAS EN EL CLIENTE

Antes de pensar en posicionar, debemos pensar en **para quién estamos posicionando**.

Este capítulo nace de una convicción profunda: el SEO es una forma de comunicación. No solo con Google, sino sobre todo con las personas. Y si queremos conectar, necesitamos comprender primero cómo piensan, cómo buscan, qué esperan.

Por eso, este capítulo empieza por lo más importante: **entender cómo busca hoy nuestro cliente**. Porque no se trata de colocar palabras clave sin sentido, sino de **responder con precisión y humanidad** a las preguntas reales de quien está del otro lado de la pantalla.

Hablaremos de cómo esa búsqueda ya no ocurre solo en Google, sino por voz, por imágenes, desde redes sociales o dentro de una conversación con una inteligencia artificial. Y cómo eso nos obliga a repensar nuestros contenidos, nuestra estructura y nuestro lenguaje.

Después, te invito a **observar la competencia**, no para copiarla, sino para entender mejor el terreno en el que nos movemos. ¿Qué están haciendo bien? ¿Dónde están fallando? ¿Qué oportunidades están dejando pasar para que tú las aproveches?

A continuación, analizaremos las **tres capas del posicionamiento**: la visual, la semántica y la técnica. Porque cuando revisamos otras webs (y también la nuestra), necesitamos saber qué mirar. El SEO no vive solo en los textos: también en los colores, en la forma de decir, en la estructura interna que lo sostiene todo.

Y por último, trabajaremos **cómo mostrar tu producto o servicio de forma efectiva**. Porque tener una propuesta brillante no basta si no sabemos presentarla de manera clara, útil y apetecible. Todo lo que hacemos –texto, imagen, llamada a la acción– debe estar pensado para convertir una visita en una relación.

Este capítulo es, en el fondo, un ejercicio de empatía.

Porque solo quien escucha bien puede responder mejor.

Y solo quien responde mejor logra posicionarse.

2.1 ENTENDER CÓMO BUSCA EL CLIENTE HOY

Si no sabemos cómo busca nuestro cliente, difícilmente podremos aparecer en su camino. En esta sección profundizamos en cómo ha cambiado el comportamiento de búsqueda: ya no son palabras sueltas, son preguntas reales, contextos, emociones y conversaciones. Entender esto nos permite adaptar todo –contenido, estructura, tono– a lo que de verdad necesitan encontrar.

2.1.1 De las palabras clave a las conversaciones

Durante muchos años, el SEO giraba en torno a encontrar y repetir una palabra clave concreta. Era un juego mecánico: detectar qué buscaban los usuarios y colocar esa palabra exacta en los lugares adecuados. Pero ese tiempo ha quedado atrás.

Hoy, las personas ya no teclean solo palabras sueltas. Hacen preguntas completas. Mantienen diálogos con sus dispositivos. Buscan desde el coche, desde el sofá, desde la cocina. Ya no solo preguntan "fisioterapia Madrid", sino "fisioterapia para dolor de espalda en embarazadas cerca de mi casa".

Esto supone un cambio profundo: pasamos de buscar coincidencias exactas a comprender intenciones. Del clic suelto, a la conversación.

Y para el profesional SEO esto lo cambia todo. Ahora se trata de identificar qué contexto hay detrás de una búsqueda. ¿Qué necesita realmente ese usuario? ¿Qué problema quiere resolver? ¿Qué emoción subyace?

Adaptarse a este cambio implica:

- Redactar como si habláramos con el lector.
- Titular pensando en preguntas, no solo en frases.
- Priorizar claridad, empatía y estructura sobre densidad de keywords.
- Incluir respuestas directas a lo que el usuario necesita saber.

Las palabras clave no han desaparecido, pero ya no son el centro. El centro es la persona que busca. Y el contenido que conecta no es el que repite, sino el que responde.

Hoy, hacer SEO es tener conversaciones útiles con quienes aún no te conocen, pero te están buscando.

2.1.2 Búsquedas por voz, visuales y desde redes

Hoy, el SEO ya no vive solo en Google. Las búsquedas se diversifican, se hacen más humanas, más contextuales, más espontáneas.

1. Búsquedas por voz

Los asistentes virtuales como Alexa, Siri o Google Assistant han hecho que millones de personas hagan búsquedas hablando. Ya no escriben "horario supermercado domingo", ahora dicen "¿Qué supermercados están abiertos hoy cerca de mí?".

Esto implica una nueva forma de escribir contenido. Las frases deben sonar naturales. Las respuestas deben ser completas, breves y útiles. Y sobre todo, debemos anticiparnos a las preguntas reales del usuario.

2. Búsquedas visuales

Google Lens, Pinterest, TikTok, Instagram… las imágenes ya no solo ilustran, también disparan búsquedas. Hoy puedes apuntar con la cámara del móvil a un producto y recibir resultados similares al instante.

Esto obliga a cuidar lo visual: imágenes propias, bien nombradas, bien optimizadas. Pero también a pensar en cómo nuestro contenido puede inspirar desde lo estético.

3. Búsquedas en redes sociales

Instagram, YouTube o TikTok son buscadores en sí mismos. La gente entra y escribe: "rutina facial piel grasa" o "cómo empezar a invertir". Y esperan resultados prácticos, explicados por alguien, con ejemplos.

Esto amplía el alcance del SEO más allá de los blogs y las webs. Cada post, cada vídeo, cada historia puede formar parte de tu arquitectura de posicionamiento.

El SEO moderno exige estar donde está tu cliente. Y tu cliente no solo está en Google. Está en su móvil, en su red social favorita, en su salón hablando con un asistente de voz. El reto del SEO es adaptarse a todos esos escenarios con contenidos versátiles, accesibles y relevantes.

2.1.3 GEO: el SEO para motores generativos

El SEO está cambiando profundamente por una razón muy concreta: la llegada masiva de inteligencias artificiales generativas que responden directamente a las preguntas de los usuarios.

Ya no se trata solo de posicionar una página para que aparezca en los resultados de Google. Ahora, el reto es aparecer en las respuestas que dan herramientas como ChatGPT, Gemini, Perplexity o Copilot. Y eso tiene un nombre: GEO – Generative Engine Optimization.

¿Qué es el GEO?

Es la optimización del contenido para que las IAs lo encuentren, lo interpreten y lo utilicen para construir respuestas útiles, precisas y fiables.

Estas IAs no funcionan como Google. No muestran una lista de enlaces. Lo que hacen es buscar contenido de calidad, bien estructurado, que dé respuestas completas a preguntas complejas. Y ese contenido lo integran dentro de su respuesta.

¿Por qué esto es tan importante?

Porque las nuevas generaciones están empezando a usar IA como su primer buscador. En lugar de escribir en Google, preguntan directamente a una IA. Y si tu web no está bien diseñada, esa IA nunca la verá.

¿Cómo optimizar para GEO?

- Redacta con naturalidad, como si hablaras con el usuario.
- Responde con claridad a las preguntas frecuentes.
- Estructura el contenido con jerarquía lógica (títulos, listas, ejemplos).
- Usa lenguaje conversacional pero profesional.
- Genera contenido profundo, no superficial.
- Revisa la precisión y actualiza la información.
- Evita trucos técnicos: las IAs priorizan el valor real.

¿Qué contenido aprovechan las IAs?

▸ Artículos de blog bien escritos.

▸ Preguntas frecuentes (FAQs).

▸ Glosarios de términos.

▸ Guías paso a paso.

▸ Casos prácticos explicados.

El GEO no reemplaza al SEO tradicional, pero lo complementa. Porque si bien Google sigue siendo esencial, estar bien posicionado en las respuestas generadas por IA es ya una parte estratégica del marketing digital.

Y si tú no estás allí, lo estará tu competencia.

2.1.4 La ventaja de ofrecer respuestas amplias

Durante años se creyó que para posicionar había que ser breve, directo y extremadamente sintético. "Responde rápido para que Google lo entienda". Pero hoy sabemos que eso ya no es suficiente.

Los usuarios no quieren solo una respuesta. Quieren contexto, quieren explicaciones, quieren sentir que están aprendiendo algo útil.

Y las IAs también. Cuanto más completa es una respuesta, más probabilidades tiene de ser seleccionada para construir una interacción útil.

¿Qué significa una respuesta amplia?

Significa anticiparse a lo que el usuario va a necesitar después. No solo decir "esto es A", sino explicar también por qué, cómo, para qué y en qué casos no funciona.

Una respuesta amplia es como una microconversación:

▸ Inicia con la duda del usuario ("¿cómo consigo más visibilidad?").

▸ Continúa con una explicación concreta ("para tener visibilidad necesitas…").

▸ Aporta un ejemplo o analogía ("piensa en tu web como un escaparate…").

▸ Cierra con una propuesta útil ("puedes empezar revisando…").

¿Por qué Google y las IAs valoran esto?

Porque lo que están buscando no es un dato. Es una solución. Y la solución requiere contexto.

- Reduce la tasa de rebote.
- Aumenta el tiempo de permanencia.
- Mejora la percepción de autoridad.
- Genera más enlaces naturales.

¿Cómo escribir contenido más completo?

- Incluye preguntas frecuentes.
- Usa listas, tablas o esquemas para explicar.
- Agrega ejemplos reales.
- Sé claro, pero no superficial.
- Profundiza sin perder simplicidad.

No se trata de escribir por escribir. Se trata de aportar más de lo que se espera. Y eso es lo que genera confianza, impacto y recuerdo.

En un mundo saturado de ruido y contenidos superficiales, las respuestas amplias son el nuevo estándar de calidad.

2.1.5 Por qué el SEO ahora es comunicación

El SEO siempre fue técnico. Era cuestión de etiquetas, velocidad, URLs y enlaces. Pero ese enfoque, aunque sigue siendo válido, ya no es suficiente.

Hoy, el SEO es también comunicación. Porque el algoritmo se ha humanizado. Y porque las personas buscan mucho más que una web que cargue rápido. Buscan sentido. Buscan alguien que les hable de verdad.

¿Qué significa esto?

Significa que el SEO ya no se basa solo en palabras clave, sino en intención comunicativa. En saber cómo contar algo para que quien lo lea se quede, entienda, confíe y actúe.

El nuevo SEO se parece a una buena conversación:

▶ Escucha antes de hablar (analiza la intención de búsqueda).

▶ Habla con claridad (estructura el contenido con lógica).

▶ Se adapta al interlocutor (usa su lenguaje, su tono).

▶ Propone soluciones, no solo datos.

▶ Genera empatía, no solo tráfico.

¿Por qué esto es esencial?

Porque si tu web no comunica bien:

▶ No conecta.

▶ No se queda en la mente.

▶ No convierte.

Y Google lo nota. Porque mide lo que hace el usuario. Si entra y se va, te penaliza. Si entra, se queda, interactúa, comparte, entonces te premia.

Empieza a pensar el SEO como parte de tu comunicación de marca. Como parte de tu storytelling, de tu servicio de atención, de tu voz profesional.

Tu contenido es tu presencia. Y si está bien pensado, si resuelve, si guía, si emociona... entonces sí, también posiciona.

ⓘ Nota

El SEO ya no es solo atraer. El SEO es conversar.

2.2 OBSERVAR A LA COMPETENCIA CON MENTALIDAD ESTRATÉGICA

La competencia no es solo alguien que vende lo mismo que tú. Es alguien que está hablándole a tu cliente ideal. En este apartado te ayudo a mirar con estrategia: qué hacen bien, qué están dejando pasar, y cómo puedes usar esa observación para posicionarte tú de forma más clara, más útil y más auténtica.

2.2.1 ¿Qué es la competencia? ¿Qué es la inmediatez?

La competencia puede tener más recursos, más tiempo o más equipo. Pero no tiene tu enfoque, tu historia, tu voz. Eso es lo que te hace único.

Por eso, antes de hacer SEO, pregúntate: ¿quién más está compitiendo por la atención de tu cliente ideal?

Y luego: ¿qué busca realmente esa persona?

Vivimos en la era de la inmediatez. Nadie espera. Si una web no carga, el usuario se va. Si no entiende lo que haces en 5 segundos, se va. Si no encuentra cómo contactarte fácilmente, se va.

La inmediatez no es solo una exigencia tecnológica. Es una exigencia cognitiva y emocional.

Por eso, analizar a la competencia también implica observar:

▶ Qué tan rápido resuelven las dudas del usuario.

▶ Qué tan clara es su propuesta de valor.

▶ Qué nivel de esfuerzo le exige al visitante obtener lo que busca.

Haz este ejercicio: entra en 3 webs de tu sector y cronometra cuánto tardas en entender de qué va el negocio. Luego, haz lo mismo con la tuya.

Tu objetivo no es impresionar. Es explicar rápido, conectar mejor y facilitar siempre.

2.2.2 Qué hacen bien los que posicionan

Cuando analizamos a las webs que aparecen en los primeros puestos de Google, podemos aprender muchísimo. No están ahí por casualidad. Hay elementos comunes que, si observamos con atención, se repiten en la mayoría de los casos.

Estas webs han entendido que el SEO no es solo atraer visitas, sino dar una experiencia clara, útil y memorable.

¿Qué hacen bien las webs que posicionan?

▶ Tienen jerarquía clara: sus menús están bien pensados, sus páginas están organizadas y el usuario nunca se pierde.

- ▼ Ofrecen contenido útil: no repiten lo que otros dicen. Aportan valor, explican, resumen, comparan o resuelven.

- ▼ Cuidan el diseño visual: sin ser espectaculares, son coherentes, limpias y agradables de navegar.

- ▼ Van directo al grano: no marean al usuario con rodeos. Plantean rápidamente qué hacen y qué puedes esperar si contratas o compras.

- ▼ Muestran pruebas sociales: reseñas, testimonios, logotipos de clientes o apariciones en medios. Todo suma.

- ▼ Publican con frecuencia: no han abandonado el blog, ni su canal de YouTube, ni sus redes. Siguen activos.

- ▼ Tienen buena velocidad: cargan rápido en móvil y escritorio, lo que ayuda al usuario y mejora el SEO técnico.

Estas webs también están preparadas para aparecer en búsquedas por voz, posicionarse en fragmentos destacados y ser citadas por herramientas de IA generativa.

No son perfectas, pero son útiles. No son grandes, pero están bien pensadas. No abruman, pero generan confianza.

¿Qué puedes aprender de ellas?
- ▼ Cómo simplificar tu mensaje.
- ▼ Qué tipo de estructura funciona mejor.
- ▼ Cómo ordenar tus categorías o servicios.
- ▼ Qué tipo de contenidos atraen más enlaces o interacción.

Analiza con lupa las 3 primeras webs que aparecen para tus palabras clave principales. Y pregúntate: ¿Qué tienen en común? ¿Qué están haciendo mejor que tú? ¿Qué podrías adaptar con tu estilo propio?

2.2.3 Qué errores se repiten en webs invisibles

Así como podemos aprender de las webs que posicionan bien, también podemos (y debemos) aprender de aquellas que no aparecen en ningún lado. Porque hay patrones de error que se repiten con frecuencia, y evitarlos desde el principio puede ahorrarte mucho tiempo y frustración.

Errores más comunes en webs que no posicionan:

▸ Falta de jerarquía: el usuario no sabe por dónde empezar. No hay una estructura clara de menús ni categorías.

▸ Contenidos escasos o genéricos: textos que no dicen nada, copiados de otros sitios o llenos de palabras vacías.

▸ No hay foco: se habla de muchas cosas a la vez sin una línea clara. El usuario no entiende qué vendes ni a quién ayudas.

▸ Diseño confuso o anticuado: colores que cansan, tipografías ilegibles, espacios saturados, botones escondidos.

▸ Sin llamadas a la acción: el visitante no sabe qué hacer. No hay formularios claros, botones visibles ni guías de acción.

▸ No hay confianza: faltan datos de contacto visibles, testimonios, imágenes reales, identidad clara.

▸ No adaptada a móvil: el diseño se rompe o es incómodo desde el móvil, que hoy representa la mayoría del tráfico.

▸ Velocidad lenta: el sitio tarda demasiado en cargar y eso penaliza en SEO y en experiencia de usuario.

Otros errores invisibles pero graves:

▸ Páginas huérfanas (sin enlaces internos).
▸ URLs poco descriptivas.
▸ No usar etiquetas de encabezado correctamente.
▸ No definir títulos y descripciones meta.
▸ No tener archivo sitemap ni archivo robots.txt.

Una web invisible en Google es una web invisible para el mundo.

Pero lo mejor de estos errores es que la mayoría tienen solución. Y a menudo, esa solución no es costosa. Solo requiere atención, sentido común y una estrategia clara.

 **Nota**

Si no sabes por qué tu web no aparece, empieza por hacer lo que sí hacen las que sí aparecen. Y deja de hacer lo que hacen las que no ves.

2.2.4 Herramientas para analizar a la competencia

Observar a la competencia no es solo cuestión de intuición. Hoy existen herramientas que nos permiten saber, con datos objetivos, qué está funcionando en su web, cómo lo están haciendo y en qué posición están.

¿Para qué sirve analizar con herramientas?

- Saber qué palabras clave están posicionando.
- Ver qué páginas reciben más tráfico.
- Detectar cómo estructuran su enlazado interno.
- Comparar su autoridad de dominio con la nuestra.
- Encontrar oportunidades que ellos están aprovechando y tú no.

Herramientas recomendadas:

- 🔍 SEMRush o Ahrefs

  Permiten ver el tráfico estimado de un sitio web, sus principales palabras clave, backlinks, evolución en rankings y páginas más vistas.

- 🔍 Ubersuggest

  Muy intuitiva y accesible. Ideal para comenzar si no tienes herramientas premium.

- 🔍 SimilarWeb

  Analiza fuentes de tráfico, tiempo de permanencia, tasa de rebote, referencias externas y mucho más.

- 🔍 Screaming Frog SEO Spider

  Crawlea (rastrea) una web como si fuera Google. Muestra cómo está estructurada, cuántas páginas hay, cómo están enlazadas y si hay errores.

- 🔍 Google Search Console (de tu propia web)

  Aunque no sirve para espiar, te muestra datos de rendimiento reales sobre las búsquedas en las que apareces. Puedes usarla para compararte indirectamente.

- 🔍 PageSpeed Insights

  Te permite analizar la velocidad de carga y la experiencia del usuario en dispositivos móviles y escritorio.

¿Cómo usarlas con criterio?

▶ No te obsesiones con cada número.

▶ Usa los datos para detectar patrones, no para copiar.

▶ Compara tu web con 2-3 competidores directos.

▶ Anota ideas que puedas aplicar a tu caso concreto.

El objetivo no es parecerse al líder. Es entender el terreno de juego para posicionarte mejor. Porque si sabes cómo juega tu competencia, puedes anticiparte, innovar y destacar.

2.2.5 Ejemplos prácticos de análisis web

Para entender cómo aplicar todo lo aprendido en los puntos anteriores, veamos algunos ejemplos prácticos de análisis de estructura y estrategia SEO en webs reales. Estos modelos son aplicables tanto a negocios pequeños como medianos.

Tienda online pequeña (ejemplo: joyería artesanal)

▶ Inicio con presentación de marca y acceso a categorías destacadas.

▶ Tienda dividida por tipo de producto (anillos, collares, pulseras).

▶ Cada producto con descripción clara, fotos optimizadas y llamadas a la acción.

▶ Blog con consejos de cuidado, estilo y combinaciones.

▶ Contacto y política de envíos accesibles desde el pie de página.

👍 **Puntos fuertes:** claridad, coherencia visual, enlaces internos desde el blog a productos.

🚩 **Errores comunes:** descripciones genéricas, imágenes mal nombradas, sin enlazado entre productos relacionados.

Web de servicios profesionales (ejemplo: psicóloga online)

▶ Página de inicio con propuesta clara de valor y diferenciación.

▶ Sección de servicios con una página por cada especialidad (ansiedad, autoestima, pareja…).

▼ Blog activo con artículos orientados a responder dudas frecuentes.

▼ Formulario de contacto visible y usable desde móvil.

▼ Integración de testimonios y recursos descargables.

Puntos fuertes: contenido bien estructurado, SEO semántico enfocado a intención de búsqueda.

Errores comunes: falta de llamadas a la acción, páginas lentas o mal optimizadas para móvil.

Blog profesional (ejemplo: nutricionista especializada)

▼ Página de inicio con destacados y últimas publicaciones.

▼ Categorías claras por tipo de contenido (dietas, mitos, recetas, entrevistas).

▼ Artículos optimizados con títulos que responden preguntas comunes.

▼ Presencia de CTA estratégicos: descarga de guía gratuita, consulta gratuita.

Puntos fuertes: posicionamiento long tail, contenido evergreen, enlaces internos.

Errores comunes: falta de optimización visual, no priorizar posts estrella, navegación caótica en móvil.

Estos ejemplos te pueden servir como inspiración y como checklist para revisar tu propio sitio. La clave es observar, analizar y luego adaptar con criterio y personalidad.

2.3 LAS TRES CAPAS DEL POSICIONAMIENTO

Cuando analizamos una web, necesitamos saber qué estamos mirando. Por eso aquí dividimos el posicionamiento en tres capas: visual, semántica y técnica. Una buena estrategia SEO cuida las tres. Porque si una falla, afecta a las otras. Aprenderás cómo influyen y cómo mejorarlas desde tu propia estructura.

2.3.1 Capa visual: estética, branding y confianza

La primera impresión cuenta, y en internet se forma en menos de tres segundos. La capa visual incluye:

▸ Diseño gráfico (colores, tipografías, disposición).

▸ Marca (logotipo, identidad visual, coherencia).

▸ Estética de imágenes, iconografía y estilo fotográfico.

El objetivo de la capa visual no es solo gustar, sino generar confianza y profesionalidad.

Un diseño limpio, cuidado y coherente transmite orden, seriedad y dedicación. Y todo eso influye directamente en la decisión de compra, la permanencia y la interacción.

El usuario no tiene tiempo de entender si algo está bien o mal. Lo siente. Por eso, la estética es una herramienta emocional, estratégica y de diferenciación.

2.3.2 Psicología del color e intención de compra

El color comunica. Y muchas veces, comunica más rápido que las palabras.

Los colores tienen significados psicológicos que afectan a la percepción del usuario y, por tanto, a su comportamiento. Algunos ejemplos:

▸ Azul: transmite confianza, tecnología, calma.

▸ Verde: salud, sostenibilidad, frescura.

▸ Rojo: urgencia, acción, emoción intensa.

▸ Amarillo: energía, juventud, innovación.

▸ Negro: lujo, elegancia, exclusividad.

Elegir bien una paleta de colores no es un detalle estético. Es parte de la estrategia de marca y de la conversión.

La armonía visual también ayuda a que el usuario recorra la web sin esfuerzo. Mejora la lectura, resalta llamadas a la acción y orienta el flujo de navegación.

2.3.3 Capa semántica: el contenido que resuelve

La semántica se refiere a lo que comunicamos con el texto. Pero también al significado profundo que ese contenido transmite.

Un contenido semánticamente optimizado:

▶ Responde dudas concretas.
▶ Usa lenguaje claro, natural y estructurado.
▶ Aprovecha encabezados, párrafos cortos y recursos visuales.
▶ Incluye términos relacionados, sinónimos y contexto.

Aquí también entra el tono, la voz y la identidad verbal de la marca. El contenido no debe sonar genérico, sino auténtico, cercano, humano.

Y además, debe estar pensado desde la intención del usuario, no desde el producto. Debe responder: "¿Qué me soluciona esto?".

2.3.4 Tipos de contenido y su impacto en SEO

El SEO moderno no se apoya en un solo tipo de contenido. Una estrategia sólida y duradera integra distintos formatos y estructuras que, cada uno en su estilo, cumplen una función específica en el ecosistema digital de una web.

Páginas de servicio: estas páginas explican de forma clara y orientada a resultados qué servicios ofreces y por qué deberían contratarte. Deben responder rápidamente al "qué haces", "cómo lo haces" y "para quién lo haces".

▶ Incluye beneficios, diferenciadores y resultados esperados.
▶ Añade testimonios o casos de éxito relacionados.
▶ Optimiza cada servicio para una intención de búsqueda específica.
▶ Aporta valor incluso antes de que contacten contigo.

Una buena página de servicio no es solo informativa: es persuasiva, estructurada y diseñada para convertir.

Fichas de producto: en ecommerce, estas páginas son el corazón del SEO transaccional. Una ficha optimizada:

▶ Tiene títulos y descripciones que conectan con búsquedas reales.
▶ Usa texto original (no copiado del proveedor).
▶ Muestra fotos de calidad, bien nombradas.
▶ Incluye beneficios, materiales, usos, tamaños y comparativas.
▶ Añade reseñas reales, productos relacionados y disponibilidad.

No es solo poner el nombre del producto. Es pensar: "¿Qué necesita saber el cliente para decidir?".

Artículos informativos: aquí entra el contenido evergreen (siempre útil). Ideal para captar tráfico desde búsquedas long tail o de tipo educativo.

- ¿Qué es…?
- ¿Cómo funciona…?
- ¿Cuál es la diferencia entre…?

Estos artículos posicionan muy bien si están bien redactados, estructurados y si realmente responden de forma clara y útil. Pueden ser el primer punto de contacto con un cliente potencial.

Tutoriales paso a paso: el contenido práctico es muy buscado y muy valorado. Un buen tutorial:

- Está organizado en pasos numerados.
- Incluye imágenes, capturas o vídeos explicativos.
- Usa un lenguaje directo y sin tecnicismos.
- Resuelve un problema específico.

Además, si enlazas internamente a tus servicios o productos, el usuario ya estará en contexto cuando llegue a tu propuesta comercial.

Glosarios o definiciones: los glosarios son útiles para posicionar términos técnicos o palabras clave que necesitan explicación.

- Aportan autoridad y contexto semántico.
- Ayudan a retener al usuario y reducir el rebote.
- Te posicionan como experto del sector.

Puedes tener un glosario general, o microdefiniciones insertadas dentro de tus artículos y páginas.

Casos prácticos o historias reales: nada genera más confianza que la prueba social. Mostrar lo que has hecho, cómo lo hiciste y qué resultados obtuviste transmite solvencia, credibilidad y empatía.

- Describe la situación inicial.
- Muestra el proceso paso a paso.
- Expón los resultados concretos.
- Incluye la opinión del cliente si es posible.

Estos contenidos son oro si vendes servicios o soluciones personalizadas.

Preguntas frecuentes (FAQs): no subestimes las FAQs. Son uno de los mejores espacios para posicionar preguntas exactas que los usuarios teclean o dicen por voz.

- Cada pregunta debe tener su propia respuesta clara y específica.
- Evita respuestas genéricas o copiadas.
- Úsalas para reforzar argumentos de venta o resolver objeciones.

Además, pueden aparecer en fragmentos destacados de Google (featured snippets), lo cual mejora tu visibilidad.

Una buena estrategia SEO combina estos formatos, los distribuye de forma lógica y los optimiza con sentido. No todo contenido tiene que atraer tráfico. Algunos contenidos convierten, otros fidelizan, otros posicionan tu marca. La clave es saber para qué sirve cada uno.

2.3.5 El rol de la IA en la generación de contenido

Las inteligencias artificiales pueden ayudarnos a crear contenido más rápido, más estructurado y mejor optimizado. Pero no pueden sustituir la experiencia, la visión ni el alma de una marca.

La IA es un asistente, no un autor. Y eso debe quedar claro.

Puedes usar IA para:

- Generar borradores.
- Crear esquemas.
- Proponer ideas de títulos o temas.
- Adaptar textos a distintos formatos.

Pero nunca debes publicar sin revisar. El contenido tiene que sonar a ti, responder a tu cliente y reflejar tu propuesta de valor.

Usa la IA como herramienta para potenciar tu voz, no para sustituirla.

2.3.6 Capa técnica: estructura, velocidad, adaptabilidad

La capa técnica es el cimiento silencioso del SEO. Es esa parte que no se ve, pero que sostiene todo lo demás: la visibilidad, la experiencia del usuario, la indexación en buscadores y la eficiencia de cada clic.

Aquí desglosamos los principales factores técnicos que toda web debe cuidar:

▼ **Velocidad de carga:** una web lenta es una web invisible. Google lo sabe y los usuarios también.
  ● Reduce scripts innecesarios.
  ● Comprime archivos CSS y JS.
  ● Usa un buen sistema de caché.
  ● Minimiza las redirecciones.
  ● Utiliza un hosting de calidad.

▼ **Arquitectura de URLs**: las URLs deben ser limpias, descriptivas y lógicas.
  ● Incluye la palabra clave principal.
  ● Evita parámetros largos y códigos irrelevantes.
  ● No uses mayúsculas ni espacios.
  ● Sé coherente en el uso de guiones.

▼ **Enlazado interno**: el enlazado interno guía al usuario y al bot de Google a través de tu contenido.
  ● Enlaza desde artículos a páginas de servicio.
  ● Conecta productos con contenidos relacionados.
  ● Usa texto ancla descriptivo y coherente.
  ● Evita enlaces rotos.

▼ **Diseño responsive (adaptado a móvil)**: más del 60% del tráfico web actual es móvil.
  ● Usa fuentes legibles en pantallas pequeñas.
  ● Ajusta imágenes y botones al tamaño del dispositivo.
  ● Simplifica menús y navegación.

▼ **Optimización de imágenes**
  ● Comprime sin perder calidad (WebP, JPEG optimizado).
  ● Usa nombres de archivo descriptivos.
  ● Añade atributos ALT (texto alternativo) relevantes.
  ● Define dimensiones exactas.

▼ **Seguridad (HTTPS)**
  ● Instala un certificado SSL válido.
  ● Redirige todo el tráfico HTTP a HTTPS.

Configuración de etiquetas meta

Las etiquetas meta son fragmentos de código HTML que proporcionan información sobre el contenido de una página web. Aunque no se ven directamente en la página, sí influyen en cómo aparece en Google.

- Meta Title: título principal, 50–60 caracteres.
- Meta Description: resumen que aparece en el snippet de Google.
- Meta Robots: dice si se debe indexar o no una página.
- Canonical: evita contenido duplicado.

Una web puede tener buen contenido y un diseño atractivo, pero si la capa técnica falla, todo se derrumba. El SEO técnico no decora: sostiene.

2.3.7 Herramientas para auditar la base técnica

Para mantener tu web saludable, necesitas herramientas que te ayuden a detectar problemas técnicos y a entender cómo ve tu sitio Google.

Las más recomendadas son:

- Google Search Console: errores de indexación, cobertura, CTR, rendimiento en búsquedas.

- PageSpeed Insights / Lighthouse: análisis de velocidad y experiencia de usuario en escritorio y móvil.

- Screaming Frog: revisión de URLs, títulos, meta descripciones, enlazado, imágenes sin atributos ALT.

- Ahrefs / SEMrush: auditoría SEO completa, enlaces rotos, backlinks, rendimiento técnico general.

Revisar tu web con frecuencia te permite prevenir, mejorar y mantener una arquitectura sólida y lista para competir.

2.4 CÓMO MOSTRAR TU PRODUCTO O SERVICIO DE FORMA EFECTIVA

No basta con tener una buena propuesta. Hay que saber contarla. En esta sección vemos cómo estructurar tu mensaje, cómo hablar desde el beneficio, cómo acompañar al usuario en su decisión y cómo convertir visitas en relaciones. Todo con claridad, intención y humanidad.

2.4.1 Hablar desde la necesidad, no desde la ficha

Uno de los errores más comunes es describir el producto o servicio desde la lógica interna del negocio, no desde la vivencia del cliente.

El visitante no quiere leer especificaciones sin contexto. Quiere saber qué problema le solucionas, cómo va a mejorar su vida, qué le haces más fácil o más agradable.

No digas "asesoría integral en gestión financiera".
Di "te ayudamos a pagar menos impuestos sin quebraderos de cabeza".

No digas "plantilla personalizable de Excel para inventario".
Di "lleva el control total de tus productos sin complicaciones".

Hablar desde la necesidad es ponerte en la piel de quien busca una solución. No es técnica. Es empatía.

2.4.2 Elementos clave: jerarquía, beneficios, imágenes

Una presentación efectiva combina varios elementos clave:

- Título claro y centrado en el beneficio.
- Subtítulo o frase de apoyo emocional.
- Listado breve de beneficios (no de características).
- Imágenes reales o representativas del uso o resultado.
- Botón visible con llamada a la acción.

El objetivo es que en 5 segundos el visitante entienda qué haces, cómo le ayudas y qué debe hacer a continuación.

Las imágenes también comunican. Una fotografía cuidada puede transmitir más confianza que tres párrafos de texto.

Además, estructura el contenido en bloques escaneables: títulos, listas, destacados. El usuario no lee, escanea. Y solo después, si le interesa, lee.

2.4.3 Humanizar la web: tono, cercanía y coherencia

El lenguaje corporativo frío ya no vende. Hoy, la cercanía y la autenticidad son claves para generar confianza.

▼ Usa un tono natural, como si hablaras con tu cliente ideal cara a cara.

▼ Sé profesional, pero humano.

▼ Alinea tu forma de comunicar con tu tipo de cliente (informal, técnico, emocional, directo…).

▼ No escondas quién eres: muestra el equipo, los valores, el rostro detrás del proyecto.

La confianza se construye mostrando humanidad y coherencia entre lo que dices, cómo lo dices y lo que ofreces.

2.4.4 SEO no es solo atraer, es también convertir

El SEO no termina cuando el usuario llega a tu web. De hecho, ahí empieza el momento decisivo.

Si no tienes una propuesta clara, si tu contenido no resuelve, si no hay un botón visible o una ruta de acción sencilla… el usuario se irá.

▼ Facilita la acción (reservar, comprar, descargar, contactar…).

▼ Reduce fricciones (formularios eternos, menús confusos, pasos innecesarios).

▼ Genera microconversiones (descargar una guía, agendar una llamada, suscribirse…).

▼ Aprovecha los textos para disipar objeciones y reforzar beneficios.

El buen SEO es el que atrae tráfico cualificado y lo convierte en relación, en acción o en venta.

¿Qué significa realmente "convertir"?

Convertir no es solo vender. Convertir es hacer que el visitante realice una acción relevante para tu negocio. Esa acción puede variar según el tipo de web:

▶ En un blog, convertir puede ser que se suscriba al boletín, descargue un recurso o comparta el contenido.

▶ En una web de servicios, convertir puede ser que agende una cita, rellene un formulario o solicite un presupuesto.

▶ En un e-commerce, convertir es comprar, añadir al carrito o iniciar una sesión de pago.

Cada negocio debe definir sus propias conversiones y crear rutas claras hacia ellas. La conversión no termina en un clic.

Convertir también puede ser el inicio de una relación

Por ejemplo, si ofreces un descargable gratuito (como una guía en PDF), puedes solicitar el correo electrónico antes de permitir la descarga.

Esto te permite:

▶ Continuar la conversación más adelante.

▶ Enviar contenido de valor.

▶ Recordarle que existes.

▶ Guiarlo hacia una decisión futura.

Una conversión puede ser pequeña, pero si abre una puerta al diálogo, ya es una gran victoria. Diseña tu web no solo para informar, sino para acompañar. Porque convertir no es presionar. Es facilitar, inspirar y guiar con inteligencia.

2.5 CONCLUSIÓN: EL SEO EMPIEZA CON EMPATÍA

Cerramos este capítulo con una idea sencilla pero poderosa: el buen SEO escucha antes de hablar. No se trata solo de atraer clics, sino de conectar, resolver y acompañar. Porque el tráfico que llega es importante, pero el que se queda, entiende y confía ese es el que realmente transforma tu proyecto.

Hacer SEO no es solo posicionar palabras clave. Es **posicionarse en la mente del cliente**, en su lista de opciones, en su confianza.

Y para eso, antes que herramientas, necesitas empatía.

El SEO que funciona no es el que se obsesiona con el algoritmo. Es el que entiende a las personas: cómo buscan, qué necesitan, qué les preocupa y qué les hace decidir.

Una web efectiva no es solo una suma de apartados técnicos. Es una experiencia completa donde cada texto, imagen, enlace y estructura está pensado para **acompañar a alguien en su proceso de decisión**.

Desde la primera impresión visual, hasta el último formulario, todo comunica. Todo influye.

Por eso, cuando pienses en SEO, piensa en personas.

- ¿Quién es tu cliente ideal?
- ¿Qué siente cuando entra a tu web?
- ¿Qué espera encontrar?
- ¿Qué problema necesita resolver?
- ¿Qué tono le genera confianza?
- ¿Qué acción quieres que realice y cómo se lo facilitas?

Si sabes responder a esas preguntas, entonces ya estás haciendo SEO. Porque el SEO que conecta es el que escucha.

Empieza por la empatía. Luego aplica la estrategia.

El tráfico que llega está bien. Pero el que se queda, entiende y confía ese es el que vale.

3

ARQUITECTURA WEB ORIENTADA AL POSICIONAMIENTO

Piensa por un momento en una gran biblioteca. Una que tenga miles de libros, revistas, artículos, mapas, notas, etiquetas… Ahora imagina que entras buscando una guía rápida para plantar tomates en maceta, pero no hay pasillos, ni señalización, ni estanterías temáticas. Todo está desordenado. ¿Seguirías buscando… o te irías?

Eso es exactamente lo que pasa con una web mal estructurada.

Puedes tener el mejor contenido del mundo, las mejores fotos, la mejor propuesta de valor… pero si no está organizada, nadie lo encuentra. Ni tus clientes. Ni Google. Ni una IA.

La estructura no es opcional, es la base. *Si tu contenido no tiene estructura, tu posicionamiento no tiene dirección.*

Este capítulo va de eso: de cómo organizar tu contenido de forma que sea visible, útil, y fácil de posicionar. Porque una buena arquitectura web no es solo diseño. Es estrategia pura. Es conectar la forma en la que tú entiendes tu negocio con la forma en la que tu cliente busca resolver su problema.

La estructura web es el esqueleto de todo buen posicionamiento.

¿Y si no tengo una web?

Es una pregunta válida. Muchos negocios pequeños trabajan su presencia solo desde el SEO local, a través de su ficha de Google Business Profile (antes Google My Business), o incluso desde redes sociales. ¿Tiene sentido hablar de estructura en esos casos? Sí. Absolutamente.

La estructura no es solo una cuestión de páginas y categorías. Es una forma de ordenar la información que ofreces al mundo para que tenga sentido, contexto y continuidad. Y eso se aplica también a redes sociales, perfiles de empresa, canales de comunicación y catálogos digitales.

Este capítulo te enseñará a:

- Comprender los principios de una buena arquitectura SEO.
- Elegir la estructura más adecuada según el tipo de negocio.
- Organizar contenidos con lógica, tanto si tienes web como si solo trabajas con una ficha local.
- Aprovechar la IA para construir estructuras adaptadas a búsquedas reales.
- Detectar errores comunes que impiden que Google y los usuarios te entiendan.

Y sobre todo, entenderás que una arquitectura sólida no es una moda de diseñadores, sino una herramienta silenciosa que guía al usuario hacia donde tú quieres llevarlo… y le ayuda a sentirse cómodo cuando llega.

¿Empezamos a construir?

3.1 QUÉ ES LA ARQUITECTURA WEB Y POR QUÉ AFECTA AL SEO

La arquitectura web es la forma en que organizamos, jerarquizamos y conectamos todas las páginas, secciones, categorías y contenidos de un sitio web.

Es el plano interno del edificio digital que estamos construyendo. Así como en un edificio necesitamos saber qué va en la planta baja, qué hay en cada piso, dónde están las salidas, las escaleras y los accesos… en una web también necesitamos una estructura que oriente, guíe y conecte.

Una buena arquitectura permite que:

- Los usuarios encuentren lo que buscan sin perderse.
- Google entienda de qué trata el sitio y lo indexe correctamente.
- Las IAs rastreen y utilicen tu información como referencia para responder a los usuarios.

Cuando hablamos de arquitectura, no solo hablamos del menú superior. Hablamos de:

- La jerarquía de páginas (Inicio > Servicios > Servicio A > Preguntas frecuentes).

- La navegación lateral o inferior.

- El enlazado interno entre artículos o productos.

- El etiquetado y las categorías del blog o de una tienda.

- El acceso desde móviles o tablets (estructura responsive).

Y todo esto tiene consecuencias directas en el SEO.

Una arquitectura clara mejora el rastreo. Una confusa, lo dificulta.

3.2 PRINCIPIOS DE UNA BUENA ARQUITECTURA SEO

Una buena arquitectura SEO no es solo una cuestión de orden o estética. Es una decisión estratégica que afecta directamente al posicionamiento, la experiencia de usuario y la facilidad con la que se actualiza y escala un sitio web.

Es importante recordar que los buscadores no "ven" una web como lo haría un humano. No leen imágenes ni interpretan emociones. Leen estructura, rastrean enlaces, interpretan jerarquías y evalúan patrones de navegación.

Del mismo modo, el usuario no entra a una web como si fuese un archivo lineal. Explora, salta, compara, vuelve atrás, sigue su intuición y se mueve según su necesidad.

Una arquitectura SEO eficaz debe lograr equilibrar ambos mundos: debe ser clara para Google e intuitiva para el usuario.

3.2.1 Jerarquía clara

Una jerarquía clara significa que el contenido se organiza de forma lógica y progresiva: desde lo general hasta lo específico. La página de inicio debería enlazar con las secciones principales. Cada sección principal debería contener subcategorías relacionadas. Y cada subcategoría debería tener sus propias páginas.

Este orden jerárquico ayuda a:

▸ Establecer una prioridad en la relevancia de contenidos.

▸ Facilitar la navegación del usuario.

▸ Permitir que Google entienda la estructura del sitio y cómo fluye la información.

Por ejemplo:

Inicio > Servicios > Diseño web > Diseño web para e-commerce > Preguntas frecuentes.

3.2.2 Arquitectura plana (a 3 clics de todo)

Una de las buenas prácticas más conocidas en arquitectura SEO es la famosa regla de los tres clics: cualquier contenido relevante debería estar accesible con un máximo de 3 clics desde la página principal.

No se trata de tener un menú interminable ni sobrecargar la navegación, sino de construir rutas lógicas y eficientes hacia cada parte de tu contenido.

¿Qué es un menú web en este contexto?

Es el sistema de navegación principal que conecta las secciones más importantes del sitio y que el usuario utiliza para moverse entre páginas.

En una arquitectura plana, el menú web cobra especial relevancia porque actúa como el mapa principal del sitio. A través del menú se accede directamente a las páginas clave, sin pasar por estructuras profundas o niveles intermedios.

Un buen menú debe ser:

▸ Claro: que se entienda sin pensar.

▸ Corto: no más de 5-7 elementos principales.

▸ Representativo: debe incluir lo que realmente importa del sitio.

▸ Consistente: debe mantenerse igual en todas las páginas.

El menú no solo guía al usuario, también ayuda a Google a rastrear e interpretar la jerarquía del contenido. Cuanto más profundo esté un contenido dentro de la jerarquía, más difícil es que Google lo rastree y que el usuario lo encuentre.

3.2.3 Enlazado interno estratégico

Un enlace interno es un vínculo que conecta una página con otra dentro del mismo dominio. A diferencia de los enlaces externos (que apuntan a otros sitios), los internos ayudan al usuario a navegar dentro de tu propio contenido.

Ejemplo de enlace interno: desde un artículo del blog que habla sobre "tendencias SEO", puedes enlazar a tu servicio de "consultoría SEO".

Los enlaces internos permiten:

- Guiar al usuario hacia contenidos relacionados o complementarios.
- Distribuir la autoridad (link juice) entre páginas.
- Mejorar la rastreabilidad del sitio por parte de Google.
- Aumentar la permanencia y reducir el rebote.

Un buen enlace interno debe ser útil, natural y estar contextualizado. El texto que lo acompaña (anchor text) también debe ser coherente con el contenido de destino.

3.2.4 URLs limpias y significativas

Una URL (Uniform Resource Locator) es la dirección que identifica de forma única una página o recurso dentro de internet. Es lo que escribes en la barra del navegador para llegar a un sitio.

Ejemplo de URL:
https://www.formaseo.es/blog/seo-local-con-ia

Cada URL está compuesta por:
- El protocolo (http o https).
- El dominio (www.formaseo.es).
- Y la ruta o slug (blog/seo-local-con-ia).

Una URL bien construida facilita el posicionamiento porque indica con claridad de qué trata la página, tanto para los usuarios como para los buscadores. Una URL debe ser fácil de leer por humanos y entendible por Google. Evita URLs genéricas, con parámetros confusos o estructuras irrelevantes.

✅ Correcto: www.mitienda.com/ropa-deportiva/mallas-running
❌ Incorrecto: www.mitienda.com/index.php?id=845&page=2&ref=xyz

Las URLs también deben mantener una coherencia con la estructura de categorías y subcategorías.

3.2.5 Adaptabilidad y escalabilidad

Una buena arquitectura también debe estar pensada para crecer. No diseñes solo para lo que tienes ahora. Diseña para el catálogo, los contenidos o los servicios que vas a ofrecer más adelante.

Un sitio bien estructurado desde el principio será mucho más fácil de mantener, actualizar y optimizar.

3.3 TIPOS DE ARQUITECTURA WEB

Así como no todos los negocios son iguales, tampoco todas las arquitecturas web deben serlo. Existen diferentes modelos de organización que se adaptan mejor a unos proyectos que a otros, dependiendo de su tamaño, tipo de contenido, estrategia SEO y comportamiento esperado del usuario.

Conocer los tipos principales de arquitectura te ayudará a elegir la que más sentido tenga para tu proyecto. También te permitirá identificar rápidamente errores estructurales en la competencia o incluso en tu propia web.

3.3.1 Arquitectura jerárquica tradicional

Es el tipo más común y recomendado para la mayoría de webs. Está basada en una organización lógica por niveles: desde una home principal que enlaza con categorías, que a su vez enlazan con subcategorías y páginas concretas.

Ideal para webs de servicios, academias, tiendas pequeñas o sitios institucionales.

Ejemplo:
- ▼ Inicio.
  - Servicios.
  - Diseño web.
- ▼ Consultoría SEO.
- ▼ Blog.
  - Categoría 1.
  - Categoría 2.

3.3.2 Arquitectura en silo o temática

Se organiza todo el contenido por bloques temáticos muy definidos (silos), donde cada página dentro del silo solo enlaza con otras del mismo tema. Esto refuerza la relevancia semántica dentro de cada clúster.

Muy útil para sitios grandes, de contenido denso, como blogs técnicos, portales especializados o tiendas con cientos de productos.

Ejemplo:

▼ Inicio.
- Salud.
- Nutrición.

▼ Suplementos.
- Entrenamiento.

▼ Tecnología.
- Móviles.
- Portátiles.

3.3.3 Arquitectura plana (flat)

En este modelo, todas las páginas están enlazadas directamente desde la home o como máximo a uno o dos clics. Se busca que todo sea accesible fácilmente.

Útil en landing pages, micro sitios, portfolios o campañas específicas donde hay poco contenido y se busca inmediatez.

Ejemplo:

▼ Inicio.
- Quiénes somos.

▼ Servicios.
- Blog.

▼ Contacto.

3.3.4 Arquitectura mixta o híbrida

Combina varios modelos. Por ejemplo, una web con estructura jerárquica en su parte institucional y con silos en el blog. Es común en negocios digitales complejos que deben ofrecer tanto servicios como contenidos posicionables.

Este modelo exige mayor planificación, pero permite escalar muy bien. No existe una única arquitectura correcta. Lo importante es que esté bien pensada, sea coherente, facilite el rastreo, refuerce el contenido y mejore la experiencia del usuario.

Y sobre todo, que tenga sentido con el tipo de negocio, el volumen de información y los objetivos de posicionamiento.

3.4 CÓMO ESTRUCTURAR UNA WEB DESDE CERO CON SEO EN MENTE

Si estás empezando desde cero con tu web, tienes una enorme ventaja: puedes construirla bien desde el principio. Una buena estructura no solo te evitará problemas más adelante, sino que te ahorrará trabajo de posicionamiento, evitará retrabajos técnicos y mejorará tus resultados desde el primer momento.

La mayoría de las webs que no posicionan no es porque no tengan contenido, sino porque ese contenido no está bien estructurado.

Veamos cómo se construye una web con SEO en mente, paso a paso.

3.4.1 Piensa primero en el usuario (y luego en Google)

Antes de crear menús, escribir páginas o montar el blog, pregúntate:

- ¿Qué busca tu cliente ideal?
- ¿Qué necesita encontrar?
- ¿Qué dudas tiene?
- ¿Qué espera ver cuando llegue a tu web?

Si organizas el contenido pensando en resolver esas preguntas, ya estás haciendo SEO de calidad.

3.4.2 Crea una jerarquía lógica

Tu web debería poder representarse en forma de árbol o mapa:

Inicio > Categorías principales > Subcategorías > Páginas o artículos.

Esta jerarquía debe tener sentido para el usuario y reflejar los temas que trata tu negocio.

Por ejemplo:

▶ Inicio.
   - Servicios.
   - Diseño web.
   - Tiendas online.

▶ Blog.
   - SEO.
   - Marketing de contenidos.

▶ Contacto.

3.4.3 Define contenidos principales y secundarios

Los contenidos principales son aquellos que atraen tráfico y convierten: servicios, fichas de producto, páginas de aterrizaje.

Los contenidos secundarios son los que apoyan y refuerzan: artículos del blog, preguntas frecuentes, recursos gratuitos.

Ambos son necesarios, pero deben estar conectados por una estructura clara y bien enlazada.

3.4.4 Planifica antes de diseñar

Muchos errores de arquitectura vienen de dejar que el diseño gráfico imponga la estructura. El orden correcto es:

1. Definir el mapa de contenidos.
2. Establecer jerarquías y enlaces.
3. Luego aplicar diseño y estética.

Si lo haces al revés, acabarás teniendo que rehacerlo todo o adaptarlo con dificultad.

3.4.5 Usa la IA para ayudarte a construir la estructura

Hoy en día puedes usar herramientas de IA para sugerir mapas web, agrupar categorías por intención de búsqueda, redactar textos introductorios para cada sección o planificar el enlazado interno.

Eso sí, recuerda: la IA es una ayudante, no una estratega. La estrategia la decides tú.

⚲ Reflexión clave: todo parte de conocer a tu cliente

No podemos hablar de estructura si no hemos hablado antes de orientación al cliente. Y por eso el capítulo anterior (2.1) cobra tanta importancia aquí.

Todo lo que planifiques a nivel de menús, categorías, páginas o enlaces debe tener un único propósito: hacerle la vida más fácil a tu cliente ideal.

Una buena arquitectura SEO es, en realidad, una buena experiencia para quien llega a tu sitio con una duda, una necesidad o una intención.

Si no sabemos qué busca, cómo lo pregunta, qué espera encontrar y cómo se siente más cómodo navegando, cualquier estructura –por muy optimizada que esté– fracasará.

3.5 ANÁLISIS DE ESTRUCTURAS EN WEBS REALES

Llegados a este punto, ya entendemos la teoría sobre lo que es una arquitectura web bien planteada. Pero para afianzar estos conocimientos, es fundamental observar cómo se plasma todo esto en la realidad.

Ver ejemplos reales nos permite comparar, inspirarnos, identificar buenas prácticas… y también detectar errores que debemos evitar.

3.5.1 Qué hacen bien los que posicionan

Si analizas las webs que están en el top 3 de los resultados de búsqueda para cualquier sector, verás patrones comunes:

▸ Jerarquía clara: siempre sabes dónde estás y hacia dónde ir.

▸ Menús simples pero funcionales: sin distracciones, con estructura lógica.

▸ Enlaces internos efectivos: los contenidos están conectados entre sí de forma natural.

▸ Páginas bien etiquetadas: cada URL tiene un propósito y un título coherente.

▸ Webs rápidas, **responsive,** y sin errores técnicos.

Una **web responsive** es aquella que **se adapta automáticamente al tamaño y características del dispositivo desde el que se accede**. No obliga al usuario a hacer zoom, ni a desplazarse horizontalmente, ni a descifrar botones minúsculos. Se reorganiza para ofrecer la mejor experiencia posible en cada pantalla.

3.5.2 Qué errores se repiten en webs invisibles

Al analizar webs que no posicionan o que tienen un tráfico muy bajo, también aparecen patrones repetidos:

- Páginas desconectadas entre sí (sin enlazado interno).
- Contenido duplicado o disperso.
- URLs poco claras y difíciles de entender.
- Categorías sin contenido real, vacías o con estructura caótica.
- Falta de lógica en el menú principal: nombres poco claros, rutas ilógicas.

Estos errores no solo perjudican el posicionamiento, también frustran al usuario. Y si el usuario no se queda, Google tampoco lo hará.

3.5.3 Ejemplos por tipo de sitio

A continuación, algunos ejemplos prácticos de estructuras web bien planteadas según el tipo de proyecto.

Tienda online pequeña

- Inicio.
- Tienda (categorías por producto).
- Sobre nosotros.
- Blog con consejos de uso.
- Contacto.

Web de servicios (consultoría, formación)

- Inicio.
- Servicios (cada uno con su página).
- Casos de éxito / Opiniones.
- Blog por categorías.
- Preguntas frecuentes.
- Contacto.

Blog profesional o portal de contenidos

- Inicio.
- Temáticas principales (silos).
- Subcategorías o etiquetas.
- Artículos destacados.
- Recursos descargables.
- Autor / Equipo.

La mejor manera de aprender a estructurar bien es observar. Toma nota, haz mapas, compara.

Y recuerda: si una web está bien organizada, no necesitas explicarla. Funciona sola. Esa es la señal de que su arquitectura está cumpliendo su propósito.

3.6 IA COMO ASISTENTE EN LA PLANIFICACIÓN ESTRUCTURAL

La inteligencia artificial se ha convertido en una herramienta poderosa para facilitar el trabajo de estructuración de una web. Ya no se trata solo de redactar contenidos o generar ideas: hoy en día podemos utilizar la IA para planificar jerarquías, categorizar información, diseñar mapas web y sugerir enlaces internos.

Pero ojo: que sea una herramienta útil no significa que sustituya el criterio humano. La IA puede proponer, pero quien decide eres tú.

3.6.1 ¿Qué puede hacer bien la IA?

☑ Puede ayudarte a:

- Sugerir nombres para las secciones del menú basados en intención de búsqueda.
- Proponer una jerarquía lógica de contenidos a partir de una temática.
- Identificar sinónimos, términos relacionados o agrupaciones semánticas.
- Detectar lagunas de contenido en tu estructura.
- Generar esquemas de categorías y subcategorías.
- Proporcionar ideas para enlazado interno.

Estas funciones son especialmente útiles en las primeras fases de planificación de una web.

3.6.2 Qué no puede hacer (aún)

🚫 Pero no puede (ni debe) hacer:

- Conocer tu negocio como tú.
- Definir prioridades comerciales.
- Decidir la experiencia de navegación ideal para tus clientes.
- Anticiparse al contexto emocional del usuario.
- Sustituir el criterio profesional de un consultor SEO con experiencia.

La IA te da opciones. Pero no debe tomar decisiones por ti.

3.6.3 Cómo usarla de forma eficaz

Primero, define tú la estrategia general: objetivos, público, enfoque.

Luego, utiliza la IA para:

- Generar propuestas de estructura.
- Comparar diferentes alternativas.
- Refinar textos para encabezados y títulos.
- Optimizar categorías con palabras clave asociadas.

Finalmente, revisa todo con visión crítica y decide qué aplicar.

La IA no es magia, pero sí un atajo poderoso. Si sabes hacia dónde vas, te ayudará a llegar más rápido. Pero si no tienes claro el destino… solo conseguirás dar más vueltas.

Úsala con cabeza. Úsala con estrategia.

3.7 HERRAMIENTAS ÚTILES PARA AUDITAR LA ARQUITECTURA

Tener una buena arquitectura web no es solo cuestión de diseño y planificación. Una vez construida, es necesario auditarla, revisarla y comprobar que todo está funcionando como debería.

Existen herramientas específicas que te permiten visualizar, medir y corregir los elementos estructurales de tu sitio: jerarquía de páginas, enlaces internos, profundidad de clics, páginas huérfanas, rutas duplicadas, etc. Estas herramientas no solo te sirven para optimizar tu propia web, sino también para analizar a la competencia.

Cada día salen al mercado aplicaciones nuevas, por lo que las aplicaciones indicadas son a modo informativo. Te invito a que pruebes cada una de ellas y veas lo que ofrecen, aunque habrá muchas más.

3.7.1 Crawlers y mapas web

▼ Screaming Frog SEO Spider: una de las herramientas más potentes y visuales. Escanea tu sitio como lo haría Google, detectando enlaces rotos, profundidad de páginas, títulos, redirecciones, canónicas y más.

▼ Sitebulb: excelente para análisis visuales. Muestra gráficamente la arquitectura, los enlaces internos y la distribución jerárquica.

▼ VisualSitemaps: ideal para mostrar el mapa visual del sitio. Útil para presentaciones a clientes o auditorías más visuales.

3.7.2 Enlazado interno y rastreo

▼ Google Search Console: en la sección de "Cobertura" y "Enlaces", puedes ver cómo Google está rastreando e interpretando tu sitio.

▼ Ahrefs: permite visualizar enlaces internos, enlaces rotos y estructura de enlaces por nivel.

▼ JetOctopus: plataforma avanzada para análisis de enlazado interno y comportamiento del crawler.

3.7.3 Arquitectura y experiencia del usuario

▼ Hotjar y Microsoft Clarity: no son herramientas SEO puras, pero te ayudan a visualizar cómo se comportan los usuarios dentro de tu web. Mapas de calor, clics, desplazamientos…

▼ PageSpeed Insights: analiza rendimiento y velocidad, que también afectan al recorrido por la estructura.

▼ Lighthouse: integrada en Chrome, ofrece diagnósticos sobre accesibilidad, SEO técnico y rendimiento.

Una arquitectura sólida no se construye una vez y ya está. Se construye, se revisa, se ajusta, se mejora. Estas herramientas son tus aliadas para mantener esa estructura viva, funcional y alineada con tus objetivos de posicionamiento.

No se trata de usarlas todas. Se trata de entender qué mide cada una y cómo aplicar sus datos para tomar decisiones inteligentes.

4

PALABRAS CLAVE, INTENCIONES DE BÚSQUEDA Y PLANIFICACIÓN DE CONTENIDOS

Las palabras clave son mucho más que un recurso técnico. Son el rastro digital que deja cada persona cuando tiene una duda, una necesidad o un deseo. Son la forma que tiene tu cliente de buscarte, aunque todavía no sepa que existes. Por eso, entenderlas no es solo una cuestión de SEO. Es una cuestión de comunicación.

En este capítulo vamos a detenernos a mirar con profundidad lo que realmente significa trabajar con palabras clave hoy. Porque el SEO ha cambiado. Las personas ya no buscan solo en Google: buscan con la voz, con la cámara, en redes, en IAs como ChatGPT. Buscan mientras viven. Y esperan respuestas claras, humanas y útiles.

Este capítulo no es una guía técnica para expertos. Es un recorrido sencillo, directo y lleno de ejemplos prácticos que te ayudará a pensar mejor tu contenido, tu estructura y tu estrategia. Aprenderás:

- ▶ Cómo buscan hoy las personas en internet y qué retos implica para ti.

- ▶ Qué son exactamente las palabras clave y cómo clasificarlas para aprovecharlas mejor.

- ▶ Cómo usarlas de forma estratégica, con ejemplos por plataforma, por negocio y por intención.

- ▶ Qué herramientas puedes utilizar para encontrar las más adecuadas.

▸ Cómo organizar tus contenidos para que tengan coherencia, orden y visibilidad.

▸ Y finalmente, cómo planificar esos contenidos para que cada texto, cada vídeo o cada ficha tenga un propósito claro.

No se trata solo de posicionar. Se trata de **entender lo que quiere tu cliente antes incluso de que lo diga con claridad**.

Y después, de construir una respuesta que conecte, que convenza, que convierta.

Este capítulo es una invitación a reflexionar, a afinar tu mirada y a convertir las búsquedas en oportunidades.

Si sabes escuchar, sabrás posicionarte.

4.1 CÓMO BUSCAN HOY LAS PERSONAS EN INTERNET

Las palabras clave son el punto de partida para todo lo que viene después en el SEO. Son la puerta de entrada al mundo digital de tu negocio. Este capítulo no solo te va a explicar qué son y cómo se usan, sino que va a ayudarte a entender cómo piensan tus clientes cuando buscan soluciones.

Vamos a descubrir juntos cómo encontrar las palabras adecuadas, cómo organizar la estructura de tu contenido, cómo preparar tu web o tus redes para responder a lo que el usuario necesita, y cómo planificar contenido que posicione y aporte valor de verdad.

Tanto si tienes una web, un ecommerce o solo redes sociales, este capítulo está pensado para ti. Si eres principiante, encontrarás ejemplos sencillos. Y si ya tienes experiencia, probablemente descubras un nuevo enfoque más estratégico y humano.

4.1.1 Evolución de las palabras clave: de Google a la omnicanalidad

Durante años, las palabras clave se pensaban solo para Google. Pero hoy las personas buscan desde múltiples entornos: móviles, por voz, en redes, e incluso conversando con una IA. Este cambio exige que ampliemos la visión sobre cómo y dónde se expresan las necesidades de los usuarios.

Ejemplo:

▸ Antes: "peluquería mujeres".

▸ Hoy: "¿Dónde me pueden cortar el pelo cerca de casa sin cita previa?".

4.1.2 Palabras clave en búsquedas por voz

Con asistentes como Alexa o Siri, los usuarios formulan búsquedas completas y en tono conversacional. El contenido debe adaptarse a ese lenguaje natural.

Ejemplos:

▶ Servicio: "¿Dónde hay un fisioterapeuta con buenas opiniones cerca de mí?".

▶ Ecommerce: "¿Qué champú es bueno para cuero cabelludo sensible?".

▶ Negocio local: "Panadería abierta los domingos en el centro de Alicante".

4.1.3 Palabras clave en redes sociales y plataformas de contenido (Instagram, TikTok, Facebook, X, YouTube)

Las redes sociales funcionan como buscadores visuales y conversacionales. La gente no solo busca información: busca inspiración, opiniones y contenido útil.

Ejemplos:

▶ Instagram: "#decoraciónminimalista" → ecommerce de hogar.

▶ TikTok: "ideas de peinados fáciles" → salón de belleza.

▶ Facebook: "grupos de clases de yoga para principiantes en Sevilla" → servicio local.

▶ YouTube: "cómo hacer pan en casa sin levadura" → negocio de ingredientes naturales.

✅ Usa hashtags, títulos atractivos, y responde dudas reales en formato visual o conversacional.

4.1.4 Palabras clave en conversaciones con IA (GEO)

El concepto de GEO (Generative Engine Optimization) nace al pensar cómo posicionarnos dentro de respuestas generadas por IA como ChatGPT o Gemini. La clave es usar lenguaje natural, anticipar preguntas, y aportar profundidad.

Ejemplos de prompts:

▸ "Dime las mejores clínicas de depilación láser en Madrid con opiniones positivas".

▸ "¿Qué detergente ecológico me recomiendas para lavar ropa de bebé?".

▸ "¿Qué necesito para montar una tienda de plantas online en España?".

☑ En este caso, las palabras clave son preguntas completas y específicas, no solo términos sueltos.

4.1.5 ¿Qué implica esto para el SEO actual?

Significa que debemos dejar de pensar en palabras sueltas y empezar a pensar en necesidades reales expresadas con naturalidad. Y además, debemos adaptar esa forma de escribir según dónde se produzca la búsqueda: voz, redes, IA o móvil.

☑ Nuestro contenido debe ser conversacional, útil y visible en distintos entornos.

4.1.6 Palabras clave con intención geolocalizada (SEO local)

Las búsquedas locales son aquellas que dependen de la ubicación del usuario. El SEO local posiciona negocios que sirven a una zona concreta.

Ejemplos:

▸ Negocio local: "Pizzería con terraza en Lavapiés".

▸ Servicio: "Clases de inglés a domicilio en Zaragoza".

▸ Ecommerce: "Envío rápido de plantas a domicilio en Barcelona".

☑ Cómo adaptar tu contenido:

▸ Menciona la ciudad o barrio en textos y títulos.

▸ Usa referencias como "cerca de", "al lado de", "a domicilio".

▸ Pregunta a ChatGPT: "¿Qué pondría alguien que busca ropa de bebé en Salamanca?".

Las palabras clave con geolocalización aportan visibilidad inmediata y aumentan la tasa de conversión, porque conectan con una necesidad cercana y urgente.

4.2 QUÉ SON LAS PALABRAS CLAVE Y CÓMO CLASIFICARLAS

4.2.1 Definición clara y comprensible

Las palabras clave son las expresiones o frases que usan los usuarios para buscar algo en Internet. Son el puente entre la duda del cliente y la solución que tú puedes ofrecer.

Piensa en ellas como "el idioma del cliente". Si tú aprendes a hablarlo, te encontrará.

4.2.2 Clasificación por longitud

Las palabras clave pueden clasificarse por su extensión:

- Head keywords (1 palabra): muy generales. Ej: "Zapatillas".

- Middle-tail (2-3 palabras): más específicas. Ej: "Zapatillas cómodas mujer".

- Long-tail (4+ palabras): muy concretas. Ej: "Mejores zapatillas para caminar todo el día mujer".

Las long-tail son ideales para quienes comienzan: tienen menos competencia y mayor intención de conversión.

Ejemplos:

- Servicio: "Clases de yoga para mayores de 60 años".
- Ecommerce: "Bolsos sostenibles de piel vegana".
- Local: "Cafetería acogedora con wifi en Bilbao centro".

4.2.3 Clasificación por intención

La intención de búsqueda refleja el objetivo que tiene el usuario al realizar una búsqueda.

- Informativa: quiere aprender algo. Ej: "Cómo elegir un colchón".

- Transaccional: quiere comprar. Ej: "Comprar colchón viscoelástico 135x190".

- Navegacional: quiere llegar a una web concreta. Ej: "Ikea colchones".

Esta tabla resume cómo se relacionan los distintos tipos de palabras clave con las intenciones de búsqueda más habituales. Puede ayudarte a decidir qué tipo de palabra usar según lo que quieras lograr con tu contenido.

Tipo de palabra clave	Intención de búsqueda	Ejemplo	Dónde se usa mejor
Head keyword	Informativa / Navegacional	zapatillas	Página principal, categorías generales
Middle-tail	Informativa / Transaccional	zapatillas deportivas mujer	Fichas de producto, artículos de blog
Long-tail	Informativa / Transaccional	mejores zapatillas para caminar largas distancias	Artículos, FAQs, vídeos
Pregunta completa	Informativa	¿Qué zapatillas son buenas para senderismo?	Blog, vídeo YouTube, reels educativos
Local long-tail	Transaccional / Local	fisioterapeuta para embarazadas en Zaragoza	Ficha de Google My Business, landing local
Marca o sitio	Navegacional	Nike Air Zoom Pegasus	Categorías por marca, campañas específicas

4.2.4 Buenas vs malas palabras clave

No todas las palabras clave son útiles. Algunas son demasiado genéricas o no reflejan una intención clara.

✖ Malas: muy genéricas, sin contexto. Ej: "Ordenador".

✅ Buenas: específicas, con intención. Ej: "Ordenadores para edición de vídeo 2024".

4.2.5 Cómo usar ChatGPT para identificar y clasificar palabras clave

Puedes pedirle a ChatGPT que te ayude con:

▶ "Dame 10 palabras clave long tail para una web de masajes en Málaga".

▶ "Clasifica estas 5 ideas por intención de búsqueda".

▶ "Simula qué buscaría una persona que quiere montar un ecommerce de cosmética natural".

Ejemplo de prompt:

"Soy psicóloga especializada en ansiedad en mujeres. ¿Qué buscaría mi cliente ideal en Google, TikTok y YouTube?".

4.3 CÓMO USAR LAS PALABRAS CLAVE EN UNA ESTRATEGIA SEO EFECTIVA

Hasta ahora hemos aprendido qué son las palabras clave, cómo se clasifican y cómo encontrar las más adecuadas. Pero el verdadero valor de una palabra clave está en **cómo la usamos**, **dónde la colocamos** y **con qué intención**.

En esta parte del capítulo vamos a aterrizar todo ese conocimiento. No se trata solo de tener una lista. Se trata de que esa lista cobre vida y se convierta en una estrategia. Porque una palabra mal colocada puede no tener ningún efecto. Pero una palabra bien utilizada en el lugar correcto puede multiplicar tu visibilidad, tus visitas y tus resultados.

4.3.1 ¿Qué tipo de palabra clave usar y cuándo?

Corta–Head keyword (1 palabra)

- ¿Cuándo? Cuando ya tienes mucha autoridad de dominio.
- ¿Dónde? En encabezados de secciones, categorías, branding.
- ¿Ejemplo? "zapatillas" en la home de un ecommerce consolidado.

Media–Middle-tail (2-3 palabras):

- ¿Cuándo? En contenidos generales o páginas de categoría.
- ¿Dónde? Título de artículo, H1, URL, descripción de producto.
- ¿Ejemplo? "zapatillas mujer cómodas" en una categoría de tienda.

Larga–Long-tail (4+ palabras):

- ¿Cuándo? Para atraer tráfico muy específico y menos competitivo.
- ¿Dónde? En artículos, FAQs, meta descriptions, vídeos, fichas de producto.
- ¿Ejemplo? "mejores zapatillas para caminar todo el día sin dolor" en un artículo de blog.

4.3.2 ¿En qué plataformas colocar cada tipo?

No todas las palabras clave funcionan igual en todos los espacios digitales. Una palabra clave muy general puede ser útil en la página de inicio de tu web, pero completamente ineficaz en un post de Instagram. Por eso, **la elección del tipo de palabra clave debe ir acompañada de una reflexión sobre en qué plataforma se va a usar** y qué esperas conseguir con ella.

A continuación, te muestro una guía orientativa de cómo usar los diferentes tipos de palabras clave según la plataforma y la intención de búsqueda:

Plataforma	Tipo recomendado	Ejemplo de uso
Página web (home)	Head keyword o middle-tail	"consultoría SEO" en el título y descripción de la web principal
Landing o servicio	Long-tail específica	"consultoría SEO para ecommerce en España"
Blog	Long-tail informativa	"cómo hacer una auditoría SEO paso a paso"
Ficha de producto	Middle-tail transaccional	"camiseta deportiva mujer transpirable"
Google My Business	Local + long-tail	"cafetería con terraza en el centro de Madrid" en la descripción
YouTube	Long-tail + pregunta	"cómo redactar la descripción perfecta para tu canal de YouTube"
Instagram / TikTok	Hashtags + frases clave	#tipsSEO #negociosdigitales "5 errores comunes en tu web si eres emprendedor"
Artículo LinkedIn	Middle o long-tail	"cómo mejorar el posicionamiento local de tu negocio sin saber SEO"

¿Qué debes tener en cuenta al elegir dónde usar cada tipo?

▸ **Head keywords** (muy generales) funcionan mejor en espacios donde ya hay autoridad y volumen, como la página principal de una web consolidada.

▸ **Middle-tail** son ideales para páginas de categorías, landing pages o fichas con cierto nivel de competencia.

▸ **Long-tail** brillan especialmente en artículos de blog, vídeos, publicaciones educativas o contenidos de nicho. Captan usuarios que ya saben lo que buscan.

▸ En **redes sociales**, los hashtags funcionan como etiquetas clave, pero los textos también posicionan dentro del algoritmo interno de cada plataforma (TikTok, Instagram o YouTube, por ejemplo, valoran la semántica del texto).

▸ En **Google My Business**, cada palabra clave debe relacionarse con el servicio local, el entorno geográfico y la necesidad práctica del usuario (horario, ubicación, tipo de atención).

Antes de publicar cualquier contenido, hazte esta pregunta: *¿Qué espera encontrar el usuario cuando llegue a este contenido?*

Y a partir de ahí, decide qué tipo de palabra clave usar y dónde colocarla. Esa pequeña reflexión puede marcar la diferencia entre ser visto o pasar desapercibido.

4.3.3 Cómo usar las palabras clave dentro del contenido

Una vez identificadas las palabras clave que queremos posicionar y la plataforma donde las vamos a utilizar, el siguiente paso esencial es saber dónde colocarlas dentro del contenido. Esto no es cuestión de repetirlas sin más, sino de insertarlas con estrategia, naturalidad y sentido.

En artículos o entradas de blog (por ejemplo, en WordPress)

1. Título principal (H1): es el primer lugar donde debe aparecer la palabra clave principal. Es el gancho para el lector y una señal directa para Google.

2. Subtítulos (H2, H3): aquí podemos incluir palabras clave secundarias o variaciones de la principal. Sirven para estructurar el contenido y reforzar la temática.

3. Primer párrafo: el inicio del texto debe dejar claro de qué trata el artículo. Incluir la palabra clave aquí da contexto inmediato.

4. Metadatos (meta título y meta descripción): en WordPress, plugins como Yoast SEO permiten configurar estos campos. Es vital incluir aquí la palabra clave principal de forma atractiva, porque es lo que aparece en los resultados de Google.

5. Texto alternativo (ALT) de las imágenes: cada imagen debe estar optimizada con un nombre de archivo y un texto ALT que incluya alguna palabra clave, si es coherente.

6. Enlaces internos y texto ancla: usa las palabras clave como texto para enlazar a otros artículos o secciones de tu web.

7. Palabras clave relacionadas: a lo largo del texto, es recomendable usar sinónimos, variaciones o frases que amplíen el campo semántico de la keyword principal. Esto ayuda a posicionar no solo por una búsqueda exacta, sino por muchas relacionadas.

En una tienda online (por ejemplo, en PrestaShop)

1. Categorías: el nombre de cada categoría debe contener la palabra clave principal. Además, cada categoría debe tener un texto descriptivo, no solo una lista de productos.

2. Fichas de producto:
   - Título del producto: claro y con keyword.
   - Descripción corta: introducción atractiva con keyword principal.
   - Descripción larga: aquí incluimos keywords secundarias, beneficios, usos, etc.
   - Imágenes: nombradas correctamente y con ALT relevante.

3. URLs amigables: deben incluir la palabra clave. Evita números o términos irrelevantes.

4. Metaetiquetas: cada ficha permite añadir título SEO y descripción. No deben copiarse del texto. Usa la palabra clave y un enfoque atractivo.

En perfiles locales (Google My Business / Perfil de empresa en Google)

1. Nombre del negocio: si es posible, que contenga la palabra clave. Por ejemplo: "Fisioterapia Clara – Especialistas en dolor lumbar Madrid".

2. Descripción del negocio: usa frases completas, naturales, con keywords relevantes para tus servicios, tu ubicación y tu diferencial.

3. Categoría y servicios: usa las categorías oficiales de Google, pero también añade tus propios servicios con descripciones bien pensadas.

4. Publicaciones: cada publicación puede llevar microkeywords: nuevos productos, consejos, eventos… todo eso posiciona.

5. Reseñas y respuestas: invita a tus clientes a incluir términos relevantes (de forma natural) y responde utilizando palabras clave relacionadas.

Resumen: lugares estratégicos para insertar keywords

- Título principal del contenido (H1).
- Subtítulos (H2, H3).
- Primeras 100 palabras del texto.
- Metatítulo y metadescripción.
- Texto alternativo de imágenes.
- Nombres de archivo de imágenes.
- Enlaces internos (anchor text).
- Nombre y descripción de categorías y productos.
- URL amigable.
- Preguntas frecuentes (FAQs).
- Descripciones de ficha de producto.
- Perfil y publicaciones en Google My Business.

Una palabra clave bien colocada no solo ayuda a posicionar. Ayuda a guiar, a explicar, a conectar.

No es solo una etiqueta para Google. Es una herramienta de comunicación con tu lector o tu comprador.

4.3.4 Ejemplos prácticos por tipo de negocio

Para que puedas aplicar todo lo aprendido de forma sencilla, a continuación te mostramos ejemplos concretos adaptados a distintos tipos de negocio. Verás cómo usar las palabras clave en servicios profesionales, tiendas online y negocios locales, con ideas prácticas que puedes adaptar fácilmente a tu propio proyecto.

Servicio (psicología)

- Página: "terapia para ansiedad en adultos".
- Artículo blog: "cómo saber si tengo ansiedad o solo estrés".
- FAQ: "¿La ansiedad se cura con terapia?".

Ecommerce (ropa)

- Categoría: "Ropa de yoga para mujer".
- Producto: "Leggings transpirables para yoga en verano".
- Blog: "Cómo elegir la mejor ropa para practicar yoga al aire libre".

Negocio local (cafetería)

▾ Google My Business: "Cafetería con opciones sin gluten en Valencia"

▾ Web: "Cafetería tranquila para teletrabajar en Ruzafa"

▾ Post Instagram: "Descubre nuestro rincón favorito para leer y tomar café ☕📚 #cafeteríaValencia".

Una buena estrategia SEO no es solo elegir bien las palabras clave, sino colocarlas donde sean útiles para el lector y relevantes para el buscador. Usar palabras clave con estrategia es guiar a tu cliente hasta donde tú estás… sin que él lo note.

4.4 HERRAMIENTAS PARA ENCONTRAR PALABRAS CLAVE

Saber qué palabras clave usar no siempre es cuestión de intuición. Existen herramientas que te ayudan a descubrir cómo busca realmente tu cliente, qué preguntas hace y qué términos usa. Algunas son gratuitas, otras profesionales, pero todas pueden facilitarte mucho el trabajo. En este apartado conocerás las más útiles y cómo sacarles partido, incluso si estás empezando.

4.4.1 Google y sus propias sugerencias

Google en sí mismo es una de las herramientas más potentes para encontrar palabras clave, y lo mejor: es gratuita. No necesitas instalar nada ni registrarte.

Cuando empiezas a escribir algo en la barra de búsqueda, Google te ofrece automáticamente sugerencias basadas en lo que otras personas ya están buscando. Esto es oro puro, porque te muestra frases reales, con intención clara.

Además, si haces scroll hasta abajo en los resultados de búsqueda, verás una sección llamada "búsquedas relacionadas". También son frases que te dan ideas para entender cómo buscan los usuarios.

Por otro lado, con Google Trends puedes comparar términos, ver qué tan populares son en el tiempo y en qué zonas geográficas son más usados. Ideal si tu negocio tiene una parte local.

Ejemplo práctico:

▶ Empiezas escribiendo "cómo entrenar".

▶ Google sugiere: "Cómo entrenar para una maratón", "cómo entrenar fuerza en casa", etc.

Usar esto a diario te entrena el oído para hablar el idioma de tu cliente.

4.4.2 Planificador de palabras clave de Google Ads

Es una herramienta creada para quienes hacen campañas publicitarias en Google, pero también sirve perfectamente para hacer SEO.

Requiere una cuenta gratuita de Google Ads. Una vez dentro, puedes buscar una palabra clave y te muestra:

▶ Cuántas veces al mes la gente busca ese término (volumen).

▶ Si hay mucha o poca competencia para esa palabra.

▶ Otras ideas relacionadas que también podrías utilizar.

Además, puedes filtrar por país, idioma o tipo de dispositivo. Esto es fundamental para un negocio local, o si vendes a un público concreto.

Ejemplo:

Buscas "clases de pilates". Te sugiere:

▶ "pilates para principiantes" (volumen medio).

▶ "pilates embarazo" (baja competencia).

▶ "clases pilates online" (tendencia creciente).

Es ideal para validar las ideas que has pensado con lógica o con ChatGPT.

4.4.3 Herramientas profesionales (gratuitas o freemium)

Estas herramientas no pertenecen a Google, pero se conectan con datos reales del buscador o de su experiencia de usuario.

> ▰ **Ubersuggest (by Neil Patel)**: muy útil para empezar. Tiene una versión gratuita limitada. Te da ideas, sinónimos, preguntas y compara la dificultad de posicionarte por cada término.

> ▰ **Answer The Public:** parte de una lógica muy humana. No te da solo palabras, sino frases completas que la gente hace como preguntas. Las organiza en árboles tipo: "cómo", "qué", "cuándo", "puedo", "es posible".

> ▰ **Keyword Surfer:** extensión gratuita de Chrome. Mientras navegas en Google, te dice automáticamente el volumen de búsqueda de cada palabra.

> ▰ **SEMrush y Ahrefs:** herramientas profesionales de análisis muy completas. Son de pago, pero perfectas si gestionas muchos proyectos o quieres un análisis más profundo (backlinks, canibalización de contenido, comparativas de competencia).

Estas herramientas no reemplazan tu criterio, pero lo amplifican.

4.4.4 ChatGPT como herramienta creativa

ChatGPT no te dice cuántas personas buscan un término. Pero sí te dice cómo piensan, cómo preguntan, y qué tipo de estructura puede tener un contenido.

Es como tener un equipo de brainstorming disponible las 24h. Puedes pedirle que actúe como tu cliente ideal, que simule preguntas reales, o que transforme una palabra genérica en otras más específicas.

Ejemplos de lo que puedes pedirle:

> ▰ "¿Qué buscaría un padre que quiere encontrar actividades de verano para su hijo de 10 años?".

> ▰ "Simula 5 búsquedas que haría una mujer que quiere empezar a correr desde cero".

> ▰ "Hazme una tabla con keywords agrupadas por intención y tipo de contenido útil para un centro de estética".

Luego, esas ideas las validas con Google Ads o Ubersuggest. Pero lo más valioso es que puedes empezar desde la empatía, no desde la técnica.

Combinar ChatGPT + herramientas reales = estrategia equilibrada, creativa y rentable.

Además, una de las grandes ventajas de ChatGPT es que puede entrenarse como si fuera un asistente SEO personalizado. Si le proporcionas suficiente información sobre tu negocio, tu público objetivo, tus productos y servicios, y lo que vendes, puedes tener un auténtico analista de palabras clave en tu bolsillo.

¿Cómo hacerlo?

1. Preséntate: "Actúa como un consultor SEO especializado en negocios de repostería vegana. Yo soy la propietaria de una tienda en Barcelona".

2. Dale contexto: "Vendemos bizcochos, muffins y tartas personalizadas sin gluten. Nuestro público son mujeres de entre 30 y 55 años que buscan productos saludables y sin alérgenos".

3. Luego, hazle la consulta: "Dime 15 ideas de palabras clave long tail, con intención informativa y transaccional".

ChatGPT puede darte incluso una estimación razonada del tipo de intención de búsqueda que tiene cada palabra clave. No con datos exactos, pero sí muy útiles para planificar.

> **💡 Consejo**
>
> Crea un prompt tipo plantilla que puedas repetir cada vez que quieras hacer un análisis nuevo.

Con el entrenamiento adecuado, ChatGPT se convierte en un auténtico aliado que piensa contigo y te ahorra horas de prueba y error.

4.5 CÓMO ORGANIZAR LAS PALABRAS CLAVE EN UNA ARQUITECTURA

Cuando hablamos de organizar palabras clave, no se trata solo de hacer una lista. Se trata de construir una arquitectura de contenido clara, intuitiva y útil, tanto para Google como para tus visitantes.

Piensa en tu web como si fuera una casa. Las palabras clave son los carteles que indican qué hay en cada habitación. Si están mal puestas o no hay orden, la gente se pierde.

4.5.1 ¿Qué es la arquitectura de palabras clave?

Es la forma en la que agrupas, jerarquizas y distribuyes tus palabras clave dentro de tu web o tu espacio digital.

Una buena arquitectura te ayuda a:

▶ Que Google entienda bien tu temática principal y tus subtemas.

▶ Que el usuario llegue rápido a lo que busca.

▶ Que cada contenido tenga un objetivo claro.

4.5.2 Ejemplo básico de arquitectura SEO

Sitio: escuela de cocina

▶ Página principal: escuela de cocina en Madrid (palabra clave principal).
  - Página 1: cursos de cocina para principiantes.
  - Página 2: cursos de cocina vegana en Madrid.
  - Página 3: clases de repostería para niños.
  - Blog:
    - Artículo 1: cómo empezar a cocinar desde cero.
    - Artículo 2: recetas veganas fáciles para cenas rápidas.

Cada página responde a una intención diferente, con sus propias palabras clave.

4.5.3 Arquitectura según el tipo de web

Cada tipo de web tiene necesidades diferentes y, por lo tanto, su arquitectura debe adaptarse a esas particularidades. No es lo mismo organizar el contenido de una tienda online que el de una web de servicios o un negocio local. A continuación, veremos cómo estructurar las palabras clave y las páginas principales en función del tipo de proyecto, para facilitar tanto el posicionamiento como la experiencia del usuario.

Negocio local

▼ Inicio con palabra clave de ciudad: "Clínica dental en Málaga".

▼ Servicios específicos: "Blanqueamiento dental Málaga", "ortodoncia invisible Málaga".

▼ Página de contacto con mapa, dirección y palabras como "cerca de…".

Web de servicios

▼ Página principal: "Servicios de marketing digital".

▼ Subpáginas por servicio: SEO, campañas de anuncios, redes sociales.

▼ Cada una con sus propias keywords: "Servicio SEO para pymes", "gestión de redes para restaurantes".

Ecommerce

▼ Categorías: "Zapatillas deportivas", "ropa de yoga".

▼ Filtros: marca, talla, color.

▼ Fichas de producto: "Zapatillas running mujer Nike amortiguadas".

4.5.4 ¿Y si no tengo web?

En redes sociales y otras plataformas también hay arquitectura. La forma de organizar tu contenido cuenta.

Instagram o TikTok

▼ Los destacados son tus "categorías".

▼ Los hashtags son tus "palabras clave".

▼ Cada reel o post es una pieza optimizada.

YouTube

▼ Listas de reproducción = categorías temáticas.

▼ Títulos y descripciones = contenido optimizado.

▼ Uso de palabras clave en voz, texto, títulos y subtítulos.

Google My Business (ficha de Google)

- Nombre del negocio debe incluir lo más importante: "Psicóloga Infantil Laura – Majadahonda".

- Descripción: responde a qué haces, para quién, dónde y cómo.

- Publicaciones: usa cada una para posicionarte en microintenciones ("psicóloga para adolescentes", "problemas de sueño infantil").

- Reseñas: incluye palabras clave cuando respondes a los clientes.

4.5.5 Consejos prácticos para organizar tu arquitectura

- Usa un documento o mapa visual (papel o digital) para ver toda tu web o estructura de contenidos.

- Empieza desde lo más general (home, categorías) hacia lo más específico (fichas, artículos).

- Asegúrate de que cada página responde a una palabra clave concreta.

- Evita competir contigo mismo (no repitas la misma palabra en varias páginas con la misma intención).

Una buena arquitectura no es solo SEO. Es claridad. Es estrategia. Es pensar con la cabeza del usuario.

Y eso es exactamente lo que te va a ayudar a posicionar.

4.6 PLANIFICACIÓN DE CONTENIDOS CON BASE EN BÚSQUEDAS

Una vez que conocemos las palabras clave que nuestros clientes están usando, el siguiente paso lógico es construir contenidos que respondan a esas búsquedas. La planificación de contenidos no es improvisación: es estrategia pura.

Piensa en cada contenido como una respuesta específica a una pregunta que alguien real ya está haciendo en Google, YouTube, TikTok, etc.

4.6.1 ¿Qué es la planificación de contenidos SEO?

Es la creación ordenada de artículos, páginas, publicaciones, vídeos, etc., con la intención de aparecer en los resultados cuando alguien busque algo relacionado con lo que ofreces.

Una buena planificación permite:

- Cubrir todas las dudas comunes de tu cliente ideal.
- Organizar el contenido en torno a la intención de búsqueda.
- Evitar duplicidades o contenidos vacíos.
- Guiar al usuario hacia una acción.

4.6.2 ¿Qué tipo de contenidos puedo crear según la intención de búsqueda?

No todos los usuarios buscan lo mismo, ni en el mismo momento. Por eso, es importante adaptar el tipo de contenido a la intención de búsqueda de cada persona. Según si quiere aprender, comprar o encontrar algo concreto, necesitaremos ofrecerle un contenido diferente. Veamos qué formatos funcionan mejor en cada caso y cómo podemos aprovecharlos.

Intención de búsqueda informativa

- Artículos de blog ("cómo preparar una ensalada proteica").
- Vídeos tutoriales ("cómo se coloca una férula dental").
- Infografías o carruseles en Instagram.

Intención de búsqueda transaccional

- Landing page ("consultoría SEO para ecommerce").
- Ficha de producto optimizada.
- Página de reservas o contratación.

Intención de búsqueda navegacional

- Página "sobre mí" o "quiénes somos".
- Contenido de autoridad con tu nombre o marca en el título.
- Perfil de Google Maps con publicaciones frecuentes.

4.6.3 Crea un calendario editorial

Una vez que conoces las palabras clave y los tipos de contenido que puedes crear, el siguiente paso es organizarlos en el tiempo. Un calendario editorial te ayuda a planificar de forma estratégica, mantener constancia en tus publicaciones y asegurar que cubres todas las fases del recorrido del cliente. Es una herramienta clave para convertir tu contenido en resultados reales. Un calendario editorial te ayuda a distribuir el trabajo y no repetir temas.

Ejemplo:

- Semana 1: "Cómo elegir un psicólogo infantil" (artículo informativo).

- Semana 2: "Terapia emocional para niños en Salamanca" (landing geolocalizada).

- Semana 3: "5 libros para ayudar a niños con ansiedad" (post para redes).

- Semana 4: "Preguntas frecuentes sobre terapia online" (sección de ayuda + FAQ).

Consejo

Mezcla formatos (texto, vídeo, gráfico) y plataformas (web, redes, YouTube).

4.6.4 ¿Cómo puede ayudarte ChatGPT

Puedes usarlo para:

1. Generar ideas de contenidos: "Dame 20 ideas de post para un blog de productos ecológicos".

2. Clasificar intenciones: "¿Este tema es informativo o transaccional?".

3. Crear estructuras: "Hazme un índice para un artículo sobre tipos de avena y beneficios".

4. Hacerte preguntas reales que haría un cliente.

5. Además, puedes pedirle que simule perfiles concretos.

Ejemplo:

"Eres una madre que acaba de mudarse a Valencia y busca actividades para su hijo. ¿Qué pondrías en Google?".

4.6.5 Medir, ajustar y seguir

Lo que no se mide, no se mejora. Una vez publicado el contenido:

▼ Mide visitas, tiempo de permanencia, clics, conversiones.

▼ Ajusta si el artículo no se posiciona: cambia el título, amplía el contenido, mejora los enlaces.

▼ Actualiza si hay novedades: Google premia los contenidos actualizados.

📌 Un contenido bien planificado no es solo información. Es una herramienta de conexión con tu cliente. Es SEO con alma.

Conclusión del capítulo

Este capítulo ha sido intenso, pero absolutamente necesario. Porque detrás de cada clic que recibe tu web, hay una persona que ha buscado algo con intención.

Ahora ya sabes cómo identificar esas búsquedas, cómo pensar en tu contenido como un mapa que guía a tus clientes, y cómo apoyarte en herramientas (incluyendo la IA) para crear contenidos que conectan, posicionan y convierten.

El SEO no es solo posicionar palabras. Es entender personas. Y desde ahora, tienes las bases para hacerlo de forma sencilla, honesta y efectiva.

5

FACTORES SENCILLOS DEL SEO FÁCIL ON-OFF

Este módulo es una guía directa y práctica para mejorar tu posicionamiento web con acciones que tú mismo puedes hacer, aunque no seas técnico. Aquí no hablamos de complicaciones, hablamos de *oportunidades*. De acciones sencillas, concretas y efectivas que cualquier dueño de negocio, profesional o emprendedor puede aplicar para que su web sea más visible, más útil... y más rentable.

Dividido en dos partes –**SEO On Page** (lo que ocurre dentro de tu web) y **SEO Off Page** (lo que ocurre fuera de ella)–, este módulo te acompaña en el recorrido completo desde los fundamentos más básicos hasta las estrategias que realmente marcan la diferencia.

📌 **En el SEO On Page** aprenderás:

▸ Qué es un buen título para Google y para tu cliente.

▸ Cómo escribir descripciones que invitan a hacer clic.

▸ Por qué importa la estructura de tus contenidos (y cómo usar los famosos H1, H2...).

▸ Cómo mejorar el texto, las imágenes, los enlaces, la navegación, el diseño y la experiencia.

📌 **En el SEO Off Page** descubrirás:

▸ Qué significa que otras webs te enlacen y por qué eso es clave para ganar autoridad.

▸ Qué directorios realmente ayudan a que te encuentren.

▼ Cómo aprovechar los comparadores si vendes online.

▼ Qué es el tráfico cualificado y cómo atraerlo sin perder tiempo con quien no te busca.

▼ Y una mirada inspiradora sobre cómo los algoritmos han cambiado… y por qué ahora, más que nunca, el SEO está a tu alcance.

Todo está explicado en un lenguaje sencillo, con ejemplos reales, consejos prácticos y siempre con una mirada empática hacia lo que tú necesitas: entender qué hacer, cómo hacerlo, y para qué sirve. Si usas IA como apoyo, aquí aprenderás también cómo entrenarla y utilizarla para que trabaje contigo y te facilite cada paso.

El SEO ya no es solo para técnicos. Es para ti. Y empieza aquí.

5.1 SEO ON PAGE (SEO DENTRO DE TU WEB)

5.1.1 Qué son los meta títulos y meta descripciones

Los **meta títulos** y **meta descripciones** son elementos clave del SEO On-Page. Se trata de fragmentos de texto que aparecen en los resultados de búsqueda de Google y otros motores, proporcionando una primera impresión de tu página web.

▼ **Meta título**: es el título principal que verá el usuario en los resultados de búsqueda. Debe describir claramente el contenido de la página e incluir la palabra clave principal de forma concisa y atractiva.

▼ **Meta descripción**: es el texto descriptivo que aparece bajo el título en los resultados. Aunque no es un factor de ranking directo, influye en el porcentaje de clics (CTR) porque ayuda al usuario a decidir si entrar a tu página.

5.1.2 Cómo escribirlos de forma manual

Meta título:

▼ Debe tener entre 50 y 60 caracteres.

▼ Incluir la palabra clave principal.

▼ Ser claro y atractivo.

▼ Preferiblemente incluir tu marca.

Ejemplo: SEO en la página: SEO On-page factores y estrategia | La Primera Web**.**

Meta descripción:

▼ Debe tener entre 130 y 160 caracteres.

▼ Incluir la palabra clave principal o su intención.

▼ Resumir el contenido de la página y motivar al clic.

Ejemplo: Descubre cómo optimizar tu sitio web con estrategias de SEO On-Page: títulos, descripciones, encabezados HTML, contenidos de calidad y más.

5.1.3 Cómo hacerlo con ayuda de una IA

Para escribir buenos títulos y descripciones, puedes utilizar herramientas de Inteligencia Artificial como ChatGPT. Sin embargo, es fundamental entrenar adecuadamente a la IA para que comprenda tu negocio, estilo y objetivos.

Entrenamiento básico del agente IA:

1. Explica detalladamente qué haces y a quién ayudas.

2. Proporciona ejemplos reales de tus productos, servicios y tono de comunicación.

3. Indica que debe aplicar buenas prácticas SEO (longitud, estructura, claridad).

4. Solicita que genere contenido que responda a una intención, no solo repetir palabras clave.

Prompt base para generar meta títulos y descripciones

Esto es lo que debes pedir a ChatGpt: "Eres un experto en SEO local. Quiero que actúes como redactor para mi negocio. Soy fisioterapeuta especializada en dolor de espalda en mujeres embarazadas. Mi consulta está en Zaragoza. Escribe 3 títulos SEO y 3 descripciones para una página que ofrece sesiones de fisioterapia personalizadas. Usa un tono profesional y empático."

Enfoque GEO (Generative Engine Optimization)

Las IAs como ChatGPT y los nuevos motores de búsqueda generativos no buscan coincidencias exactas de palabras clave, sino que valoran el sentido, contexto y respuestas completas.

Al redactar títulos y descripciones, considera:

▶ ¿Qué pregunta está haciendo el usuario?

▶ ¿Qué respuesta espera encontrar?

▶ ¿Cuál es la intención detrás de esa búsqueda?

Tu título y descripción deben comenzar a resolver esa necesidad, incluso antes de que el usuario entre a tu sitio web.

El SEO generativo no consiste en insertar palabras clave, sino en generar respuestas relevantes y útiles.

5.2 ENCABEZADOS HTML

5.2.1 ¿Qué son los encabezados HTML?

Los encabezados HTML son etiquetas que se utilizan para estructurar jerárquicamente el contenido de una página web. Los más comunes son H1, H2, H3, H4, etc.

▶ **H1**: es el título principal de la página. Solo debe haber uno por cada URL.

▶ **H2**: son los subtítulos principales que dividen los bloques de contenido.

▶ **H3**: subniveles que ayudan a organizar aún más los temas dentro de cada H2.

Estos encabezados no solo ordenan visualmente la información, sino que ayudan a Google a entender de qué trata cada sección.

5.2.2 Cómo aplicarlos de forma manual

Reglas básicas:

▶ Solo un H1 por página (usualmente coincide con el título visible).

▶ Usa H2 para secciones importantes del contenido.

▶ Utiliza H3 para dividir y dar claridad a los H2 más largos.

Ejemplo estructurado (para un artículo de blog):

▶ **H1**: Cómo mejorar tu postura corporal trabajando desde casa

- **H2**: Por qué es importante la postura
    - **H3**: Consecuencias físicas de una mala postura
    - **H3**: Cómo afecta a tu energía diaria
- **H2**: Ejercicios sencillos para hacer en casa
    - **H3**: Estiramientos diarios
    - **H3**: Fortalecimiento de la zona lumbar

5.2.3 Cómo hacerlo con ayuda de una IA

Entrenamiento de IA:

1. Explica cuál es el objetivo del artículo o página.

2. Describe brevemente a quién va dirigido (cliente ideal).

3. Pide que estructure el contenido en H1, H2 y H3.

4. Indica que lo haga en lenguaje natural, con enfoque claro.

Una estructura clara con encabezados bien utilizados ayuda a las IAs generativas a extraer la información correctamente.

▶ **Cada H2 es una mini respuesta** que puede ser mostrada por un motor como ChatGPT.

▶ **Los H3 completan y enriquecen** esas respuestas con detalles o ejemplos.

Cuando pienses en encabezados, piensa en **responder preguntas concretas** de tus usuarios. Cada bloque debe tener sentido por sí solo, como si fuera una respuesta independiente.

Una buena jerarquía =
mejor experiencia + mejor SEO + más visibilidad generativa

5.2.4 Ejemplo de contenido generado con IA

Prompt sugerido: Un prompt es lo que tienes que pedir a ChatGpt

Eres un experto en redacción SEO. Estoy escribiendo un artículo titulado "Cómo elegir un colchón si tienes problemas de espalda". Está dirigido a personas mayores de 40 años con dolores crónicos. Estructura el contenido con un H1, varios H2 y H3. Usa un tono explicativo, cercano y profesional.

Ejemplo de contenido generado con IA para web

H1: Cómo elegir un colchón si tienes problemas de espalda

H2: ¿Por qué es tan importante elegir bien tu colchón?

El colchón en el que duermes cada noche no es solo un elemento de confort. Si sufres de dolores de espalda crónicos, especialmente a partir de los 40, el colchón puede convertirse en tu mejor aliado... o en tu peor enemigo.

Durante el descanso nocturno, tu columna vertebral necesita alinearse correctamente. Un colchón mal adaptado puede agravar las tensiones musculares, aumentar los puntos de presión y contribuir a noches de mal sueño – lo que termina afectando tu calidad de vida.

H2: Señales de que tu colchón no es el adecuado

H3: Te levantas más cansado de lo que te acuestas

Si sientes rigidez al despertar, especialmente en la zona lumbar o cervical, tu colchón no te está dando el soporte que necesitas.

H3: Te mueves constantemente por incomodidad

Un colchón que no distribuye bien el peso corporal hace que cambies de postura varias veces durante la noche, interrumpiendo las fases profundas del sueño.

H3: Tu colchón tiene más de 10 años

Con el tiempo, los materiales pierden firmeza y adaptabilidad. Aunque no se vean dañados, ya no cumplen su función de soporte.

H2: ¿Qué tipo de colchón es mejor si tienes dolor de espalda?

H3: Firmeza media o media-alta

Es el equilibrio ideal entre soporte y confort. Demasiado blando te hunde, demasiado duro crea tensión.

H3: Material viscoelástico, látex o muelles ensacados

Estos materiales se adaptan a la forma de tu cuerpo sin hundirte. Los muelles ensacados ofrecen además buena ventilación.

H3: Zonas de descanso diferenciadas

Algunos colchones están diseñados con distintas firmezas en zonas clave como hombros, caderas y lumbares, ayudando a mantener una correcta alineación.

H2: Cómo probar un colchón antes de comprar

- Túmbate al menos 10-15 minutos en tu postura habitual.

- Comprueba si la espalda baja se siente bien sostenida.

- Si duermes de lado, asegúrate de que hombros y caderas se hundan lo suficiente sin perder la alineación.

- Hazlo sin prisa. Un colchón es una inversión en salud.

H2: Otros factores importantes a tener en cuenta

H3: El somier también cuenta

El mejor colchón sobre un somier inestable o inadecuado pierde eficacia.

Asegúrate de que ambos estén bien adaptados.

H3: La almohada completa el conjunto

Para dolores cervicales o lumbares, la altura y firmeza de la almohada pueden marcar una gran diferencia.

H3: Consulta con tu fisioterapeuta o especialista

Si tienes patologías concretas (hernia, ciática, escoliosis…), es recomendable recibir una orientación personalizada.

H2: Conclusión

Elegir un colchón cuando tienes problemas de espalda no es un lujo, es una necesidad. El descanso que obtienes durante la noche determina cómo será tu día siguiente: tu energía, tu movilidad, tu ánimo.

No se trata de comprar el modelo más caro, sino el más adecuado para ti. Y ese colchón ideal existe... solo necesita que lo busques con criterio, calma y conocimiento.

Cuida tu espalda mientras duermes. Elige un colchón que trabaje contigo, no contra ti.

Qué hacemos ahora con este texto ofrecido por una IA, pues utilizarlo y REVISARLO. Quitaremos algunos iconos o dibujitos que nos da la IA, revisaremos si los títulos y epígrafes tienen los formatos H1, H2 y H3. Y le pediremos una imagen, por ejemplo, para completar la información.

Si trabajas sobre un blog de wordpress, hay un módulo llamado YOAST SEO que te permite marcar el post con la palabra clave principal, meta título y meta descripción que también podemos pedírsela a nuestra IA (ChatGpt), imprescindible para que el robot de Google te indexe y sepa de qué va tu post.

Y si añadimos nuestro aporte personal, mucho mejor.

Aclaración importante sobre los encabezados HTML

No debemos confundir los encabezados H1, H2 o H3 con escribir texto en mayúsculas, en negrita o con un tamaño más grande de letra. Aunque visualmente en muchas webs –por ejemplo, en WordPress– estos encabezados se vean más grandes o resaltados, su función SEO no depende de la apariencia, sino del **código HTML** que estructura la jerarquía del contenido.

En plataformas como WordPress, cada encabezado (H1, H2, H3...) tiene un formato visual predefinido para facilitar la lectura. Esto hace que el H1 sea el título más grande, los H2 subtítulos de sección, y los H3 subdivisiones dentro de cada sección. Esta jerarquía no solo ayuda al usuario a escanear el contenido, sino que también ayuda a Google y a las IAs generativas a entender de qué trata cada parte del texto.

Puedes modificar los estilos visuales si lo deseas, pero la estructura **H1- H2- H3** debe mantenerse clara para que tu contenido sea legible y posicionable.

5.3 CONTENIDO DE CALIDAD

Uno de los pilares fundamentales del SEO es el contenido. Pero no cualquier contenido, sino contenido de calidad. Esta expresión puede parecer ambigua, porque

¿quién no cree que su contenido es bueno? Sin embargo, desde el punto de vista del posicionamiento y de la utilidad real para el usuario, "calidad" tiene un significado muy concreto.

En este epígrafe vamos a profundizar en lo que verdaderamente significa crear contenido valioso. No solo para Google, sino también para las personas. Y además, exploraremos cómo se traduce esto en diferentes contextos: en tu página web, en tu blog, y también en redes sociales, donde las dinámicas de consumo son distintas pero igualmente importantes.

5.3.1 ¿Qué es el contenido de calidad?

Contenido de calidad es aquel que:

1. Responde con precisión a una necesidad del usuario.
2. Está bien redactado, estructurado y es fácil de entender.
3. Es útil y genera confianza.
4. Aporta algo nuevo o diferente.
5. Está orientado a la intención de búsqueda.

Ejemplo correcto (para blog):

▶ Título: *"Cómo hacer pan casero sin levadura"*

▶ Texto: incluye ingredientes, tiempos de reposo, fotos del proceso, advertencias, consejos y enlaces relacionados.

▶ Resultado: el lector se siente acompañado y resuelve su duda.

Ejemplo escaso:

▶ Título: *"Receta de pan sin levadura"*

▶ Texto: "Para hacer pan sin levadura necesitas harina y agua. Mézclalo todo y hornea".

▶ Resultado: incompleto, sin profundidad, sin contexto, no retiene ni informa.

5.3.2 Diferencia entre contenido para web y contenido para redes

Hoy en día, crear contenido ya no significa escribir un texto genérico que sirva para todo. Cada canal tiene sus propias reglas, su forma de llegar a la gente, su ritmo. Lo que funciona en una página web puede no funcionar en Instagram, y viceversa.

Pero eso no quiere decir que tengamos que crear contenidos desde cero para cada medio. Lo que necesitamos es **adaptar el mensaje al contexto**, entender en qué se diferencian y qué tienen en común el contenido para web y el contenido para redes sociales.

Ambos tienen una misión fundamental: **comunicar algo valioso** y conectar con quien lo necesita. La diferencia está en **cómo lo contamos**, **cuánto decimos** y **qué acción esperamos que el lector realice**.

Para verlo claro, vamos a comparar ambos formatos en una tabla que te ayudará a decidir cómo orientar tu estrategia según dónde vayas a publicar. Ambos tipos de contenido deben convivir. Lo ideal es que se alimenten mutuamente.

Aspecto	Contenido para Web	Contenido para redes
Intención	Posicionar, retener, convertir	Captar, impactar, iniciar conversación
Longitud	Amplio, con profundidad	Breve, directo, visual
Estructura	Encabezados, listas, secciones	Frases clave, hashtags, llamadas a la acción
Ritmo de consumo	Lento y detallado	Rápido y emocional
Permanencia	Larga (años si está bien hecho)	Corta (horas o días)
Enfoque SEO	Palabras clave, intención	Algoritmo visual, interacción

5.3.3 Contenido para web y blog, manual y con IA

Cómo escribir contenido de calidad manualmente

1. Piensa como tu cliente: ¿Qué quiere saber? ¿Qué le preocupa?
2. Haz una promesa en el título y cúmplela en el contenido.
3. Sé claro y no des rodeos innecesarios.
4. Incluye ejemplos, casos reales, listas, esquemas.
5. Divide el contenido en bloques visuales que se puedan escanear.
6. Revisa ortografía y legibilidad.
7. Actualiza periódicamente.

Cómo crear contenido de calidad con IA

Entrenamiento del agente de IA:

- Cuéntale tu negocio: a quién ayudas, qué ofreces, qué tono quieres.
- Enséñale tu estilo con ejemplos reales.
- Pídele que sea empático, específico y útil.
- No dejes que se limite a lo genérico: revisa y mejora.

5.3.4 Ejemplo de contenido para web

Prompt es lo que tienes que pedir a ChatGPT: *"Eres redactor profesional SEO. Quiero un artículo sobre 'cómo aliviar el estrés en el trabajo'. Dirigido a personas entre 30 y 50 años, con trabajo sedentario. Usa tono cálido, explica causas, síntomas, ejercicios sencillos, incluye ejemplos reales y una conclusión motivadora. Indícame los metas"*.

....

Ejemplo de contenido generado con IA para web
Cómo aliviar el estrés en el trabajo: guía práctica para oficinas y escritorios

🔑 Palabra clave principal: estrés en el trabajo.

📧 Meta título: Cómo aliviar el estrés en el trabajo: consejos fáciles para tu día a día

📝 Meta descripción: ¿Trabajas muchas horas sentado y te sientes agotado? Descubre cómo aliviar el estrés en el trabajo con técnicas sencillas y ejemplos reales.

¿Por qué sentimos tanto estrés en el trabajo?

El estrés laboral es una respuesta natural del cuerpo ante exigencias constantes. Las jornadas largas, los plazos de entrega, la falta de movimiento y la presión emocional se acumulan sin darnos cuenta. Esto no solo afecta tu productividad, sino también tu salud física y mental.

Síntomas de estrés que no debes ignorar

- Tensión muscular (cuello, espalda, mandíbula).
- Fatiga continua aunque hayas dormido.
- Dificultad para concentrarte.
- Cambios de humor.
- Dolores de cabeza frecuentes.

Ejemplo real: María, 44 años, trabaja en atención al cliente desde casa. Empezó a notar un cansancio que no desaparecía ni en el fin de semana. Al acudir a su médico, se dio cuenta de que no tenía una enfermedad, sino estrés acumulado por pasar horas frente a la pantalla sin pausas ni contacto humano real.

Ejercicios sencillos para aliviar el estrés en tu escritorio

▼ **Respiración consciente (1 minuto)**

Cierra los ojos, inhala por la nariz durante 4 segundos, mantén el aire 4 más, y exhala lentamente por la boca. Hazlo 3 veces cada hora.

▼ **Estiramientos de cuello y espalda**

Gira el cuello lentamente a cada lado. Rueda los hombros hacia atrás. Levanta los brazos y estira la espalda durante 30 segundos.

▼ **Técnica de "escaneo corporal"**

Durante una pausa, siéntate recto y enfoca tu atención en cada parte del cuerpo. Identifica dónde sientes tensión y relájala voluntariamente.

▼ **Microcaminatas**

Cada 60-90 minutos, levántate, camina 2-3 minutos, aunque sea dentro de casa o la oficina. El movimiento rompe el ciclo del estrés.

Otros hábitos que ayudan a reducir el estrés laboral

▼ Mantén tu escritorio ordenado.

▼ Haz una lista de tareas con 3 prioridades máximas por día.

▼ Pon plantas cerca del ordenador ⊘

▼ Escucha música relajante con auriculares.

▼ Come con consciencia y sin pantallas.

▼ Habla con alguien de confianza (aunque sea por WhatsApp).

Conclusión motivadora

Si trabajas en un entorno sedentario, el estrés no es opcional... pero sí es gestionable. No necesitas una reforma vital, sino implementar pequeños gestos cada día. ☞ Tu salud mental importa tanto como tu rendimiento. Cuídate para rendir mejor, vivir más tranquilo y disfrutar de cada jornada con más calma y propósito.

Qué hacemos ahora con este texto ofrecido por una IA, pues copiarlo en nuestro post de nuestra web o blog y REVISARLO. Quitaremos algunos iconos o dibujitos que nos da la IA, revisaremos si los títulos y epígrafes tienen los formatos H1, H2 y H3. Y le pediremos una imagen. Si trabajas sobre un blog de wordpress, hay un módulo llamado YOAST SEO que te permite marcar el post con la palabra clave principal, meta título y metadescripción (imprescindible para que el robot de Google te indexe y sepa de qué va tu post). Y si añadimos algún aporte personal, mucho mejor.

Enfoque GEO (Generative Engine Optimization)

Un contenido de calidad pensado para motores de búsqueda generativos debe: responder a una pregunta concreta y profundizar más allá de lo superficial. Tener una estructura lógica y semántica clara, anticipar las dudas del usuario y usar ejemplos y lenguaje comprensible.

No pienses solo en lo que quiere Google. Piensa en cómo tu contenido puede ser la mejor respuesta a lo que alguien está buscancon

5.3.5 Ejemplo de contenido para Instagram

GPT puede entregarte texto listo para cada slide del carrusel, e incluso sugerencias para las imágenes. Las redes sociales no son el sitio donde el usuario busca un tutorial de mil palabras. Pero eso no significa que el contenido allí no pueda ser útil, posicionable y estratégico.

Al contrario: si aprendemos a **resumir lo esencial y conectar emocionalmente**, podemos convertir cada publicación en una extensión poderosa de nuestra estrategia de contenidos. Instagram –como otras redes visuales– no premia los textos largos, sino los mensajes que **impactan rápido y generan acción**.

¿Qué espera el lector en redes sociales? El contenido debe ser visual, breve, inmediato, útil y fácil de guardar. Con llamada a la acción (guardar, compartir).

1. **VISUAL–La imagen es el gancho**. El contenido tiene que entrar por los ojos. Usa fotos de calidad, composiciones limpias, colores coherentes con tu branding. Si haces carruseles, cuida que el diseño sea atractivo pero fácil de leer. **Ejemplo de buena portada de carrusel:** *" 📌 ¿No tienes levadura? Mira cómo hacer pan en casa en 3 pasos".*

2. **BREVE–Tu lector va con prisa.** No necesita una explicación larga, necesita una **idea clara y útil**.

- **Ejemplo de mal copy:** "Hoy os vamos a explicar una receta de pan sin levadura que hemos probado muchas veces y que seguro que os va a encantar. Vamos allá…".

- **Ejemplo de buen copy (copywriter SEO):** "Pan casero sin levadura en 3 pasos. Rápido, crujiente y sin complicaciones. Guarda esta receta 🥖".

3. **INMEDIATO–Tu lector debe entender en menos de 3 segundos** si ese contenido es para él. Por eso el titular (la primera frase o slide) debe ser clara, directa, y enfocada al beneficio. **Empieza por la solución o por el problema**: *"Haz este pan en casa sin levadura (ni experiencia)"*.

4. **ÚTIL Y FÁCIL DE GUARDAR–**El contenido que enseña algo práctico se comparte, se guarda y se valora. Pero tiene que estar **estructurado con claridad**: numerado, en lista, o visualmente ordenado. Ejemplo slide 2: Ingredientes: 400 g de harina, 300 ml de agua, Sal, aceite y bicarbonato. Slide 3: Pasos: 1 Mezcla, 2 Amasa, 3 Hornea 30 min.

5. **CON LLAMADA A LA ACCIÓN–**La publicación debe terminar con un empujón claro: ¿qué quieres que haga el lector?

   - ¿Lo guarde?
   - ¿Lo comparta?
   - ¿Vaya a tu web?
   - ¿Comente si lo ha probado?

Ejemplos de CTAs para Instagram:

▶ "💾 Guarda este post para probarlo este finde".

▶ "🔁 Compártelo con esa persona que siempre hornea".

▶ "💬 ¿Lo conocías? Comenta abajo y lo hablamos".

▶ "🔗 Enlace en bio para la receta completa".

¿Ves la diferencia? Cuando pedimos a ChatGpt que nos ayude a preparar contenido para una publicación, tenemos que tener en cuenta dónde lo vamos a mostrar, en un caso debe actuar como un redactor SEO, pero si es para redes, su rol debe ser de copywriter experto en redes sociales. Lo que nos muestra en cada caso es distinto.

Blog (contenido web SEO) creado con ayuda de IA. Prompt para GPT

"Actúa como redactor profesional SEO. Escribe un artículo para un blog titulado. "Cómo hacer pan casero sin levadura". Usa encabezados H2 y H3, incluye ingredientes, pasos, consejos y conclusión. Dirigido a personas sin experiencia. Tono claro, directo y útil."

Redes Sociales (Instagram) Prompt para GPT

"Actúa como copywriter especializado en redes sociales con conocimientos SEO. Quiero un carrusel para Instagram con el tema "cómo hacer pan sin levadura". El texto debe ser breve, emocional, útil y enfocado a guardar. Usa emojis, ganchos iniciales potentes, y termina con una llamada a la acción clara. Haz 5 slides."

....

Ejemplo carrusel Instagram
Cómo hacer pan sin levadura (5 slides)

1. *Slide 1 – Gancho emocional y directo*
   ¿Sin levadura en casa?
   Haz tu propio pan crujiente con solo 4 ingredientes. Fácil, rápido… y delicioso.

2. *Slide 2 – Ingredientes sencillos*
   Solo necesitas:
   - 400 g de harina.
   - 300 ml de agua.
   - 1 cucharadita de sal.
   - 2 cucharadas de aceite de oliva.

   Opcional: 1 cucharadita de bicarbonato para dar esponjosidad

3. *Slide 3 – Paso a paso*
   Cómo se hace:

   1. Mezcla todo hasta formar una masa.

   2. Amasa 5 minutos.

   3. Da forma y hornea 30 min a 200°C.

   ¡Listo! Sin reposo. Sin complicaciones.

4. *Slide 4 – Consejo extra*

✨ Hazlo único:

- Añade semillas.
- Usa harina integral.
- Prueba con especias (romero, cúrcuma…).

¡Tu pan, a tu estilo!

5. *Slide 5 – Llamada a la acción (CTA)*

💾 Guarda esta receta para cuando no tengas levadura.

🔄 Compártela con esa persona que siempre está horneando.

🤍 Pan simple, con sabor a casa.

Después de estas magníficas sugerencias le **pedimos a la IA las imágenes y nos fabricó estas que te acompaño**, no son las mejores del mundo ni tienen el formato que queremos para Instagram, pero con entrenamiento lo puede crear sin mayor complicación.

Hay programas de presentaciones e imagen como CANVA que cada día evoluciona más y está sustituyendo a un trabajo realizado por un diseñador con Photoshop. Investiga y aprende a utilizarlo, CANVA es realmente sencillo y muy enfocado a la parte visual. No hay más secreto que echarle horas y ponerle pasión.

5.4 URLS AMIGABLES

Elegir una buena URL es como ponerle un nombre claro y útil a cada página de tu web. Es una parte pequeña, pero con mucho poder: mejora el posicionamiento, facilita que te encuentren, genera confianza y permite que tanto las personas como las IAs entiendan mejor tu contenido. En este epígrafe te explico de forma sencilla qué son las URLs amigables, por qué son importantes y cómo puedes crearlas tú misma, incluso sin conocimientos técnicos.

5.4.1 Qué es una URL y qué significa que sea amigable

Una URL (Uniform Resource Locator) es la dirección específica que identifica una página en Internet. Es lo que aparece en la barra del navegador y lo que compartes cuando envías un enlace.

Una URL amigable es aquella que es fácil de leer para una persona y comprensible para Google. No contiene códigos raros, números sin sentido ni caracteres innecesarios. Resume el contenido de la página en pocas palabras clave.

Ejemplo de URL no amigable https://tuservicio.com/producto. php?id=49302&cat=web%20servicios

Ejemplo de URL amigable: https://tuservicio.com/servicios/diseno-web-para-pymes

¿Por qué es importante tener URLs amigables?

- ▶ Mejoran la experiencia del usuario: son más fáciles de recordar, entender y compartir.

- ▶ Aumentan la confianza: una URL clara genera más clics en redes y resultados de búsqueda.

- ▶ Ayudan al posicionamiento SEO: Google lee las palabras que hay en la URL y las utiliza para clasificar tu contenido.

- ▶ Facilitan el rastreo y la indexación: una buena estructura ayuda a Google a organizar la jerarquía de tu web.

5.4.2 Cómo crear URLs amigables

1. Utiliza palabras clave relevantes.

2. Evita preposiciones y conectores innecesarios.

3. Usa guiones (-) para separar palabras. Nunca uses espacios ni subrayados.

4. No uses caracteres especiales, acentos ni mayúsculas.

5. Mantenla corta y clara.

Ejemplos

✖ No recomendable: https://ejemplo.com/pag?ref=2894&sec=04

☑ Recomendable: https://ejemplo.com/blog/como-elegir-colchon-espalda

✖ No recomendable:https://miweb.com/2023/03/01/articulo34.html

☑ Recomendable: https://miweb.com/articulos/pan-sin-levadura

Cómo generar URLs amigables con IA

Una IA bien entrenada puede ayudarte a proponer buenas URLs a partir del contenido del artículo, la palabra clave y la categoría.

➤ **Prompt recomendado**: "Actúa como experto SEO. He escrito un artículo titulado 'Cómo aliviar el estrés en el trabajo'. Dame una URL corta, clara y optimizada para SEO que respete el estilo de una URL amigable".

➤ **Respuesta esperada:** https://miweb.com/salud/estres-en-el-trabajo

Enfoque GEO (Generative Engine Optimization)

En el contexto de los motores de búsqueda generativos, una URL clara y semánticamente rica ayuda a la IA a entender de qué trata tu página incluso antes de leer su contenido.

Las URLs bien estructuradas sirven como pistas para los modelos generativos. Si la URL contiene términos claros, temáticos y jerárquicos, la IA podrá asociar mejor tu contenido con una consulta del usuario.

 **ⓘ Nota**

En GEO, las URLs también se leen como parte del mensaje.

5.5 ENLAZADO INTERNO ESTRATÉGICO

El enlazado interno es una de las herramientas más potentes –y a menudo olvidadas– del SEO. Consiste en conectar unas páginas con otras dentro de tu propia web. Aplicado con estrategia, no solo mejora la experiencia del usuario, sino que también ayuda a Google a entender la estructura de tu sitio, distribuir autoridad entre tus contenidos y mejorar el posicionamiento. Si sabes guiar bien a tu lector, también sabrás guiar bien a los buscadores.

¿Qué consigue un buen enlazado interno?

Mejora la navegación del usuario

Cuando alguien entra en tu web y encuentra enlaces a otros contenidos relacionados, tiene más posibilidades de seguir leyendo. Esto no solo le ayuda a profundizar en el tema que le interesa, sino que le ofrece un camino claro y ordenado por el que moverse. Un lector bien guiado es un lector que permanece más tiempo y confía más en tu sitio.

Ayuda a Google a descubrir nuevas páginas y entender su jerarquía

Google rastrea tu sitio a través de los enlaces. Si una página no tiene enlaces entrantes desde otras internas, puede quedar "aislada" y no ser indexada. Además, mediante el enlazado interno puedes establecer qué páginas son más importantes dentro de tu web. Cuantas más páginas enlacen hacia una, más relevante parecerá ante los ojos del buscador.

Reparte el "link juice" o autoridad entre páginas importantes

El "link juice" es el valor SEO que una página transfiere a otra a través de un enlace. Si una de tus páginas recibe muchas visitas o enlaces desde fuera (backlinks), puedes aprovechar esa autoridad para impulsar otras páginas relacionadas enlazándolas desde ahí. Es una forma estratégica de hacer crecer varias secciones de tu web a la vez.

Aumenta el tiempo de permanencia y reduce el rebote

Cuando una persona encuentra enlaces útiles dentro del contenido, tiene más probabilidades de hacer clic en ellos y continuar navegando. Esto aumenta el tiempo de permanencia, lo que Google interpreta como una señal positiva. Al mismo tiempo, reduce el "rebote" (cuando alguien entra y se va sin interactuar), otro indicador que afecta al posicionamiento.

Refuerza la relevancia semántica de un tema

Si tienes una web de entrenamiento personal y dentro de un artículo sobre "rutinas para principiantes" enlazas a otros sobre "calentamiento", "respiración" o "descanso", estás mostrando a Google (y al lector) que tu contenido está profundamente relacionado con ese tema. Esto aumenta tus posibilidades de aparecer en resultados de búsquedas relacionadas y te posiciona como una fuente experta.

Cómo hacerlo bien paso a paso

1. Agrupa los contenidos por temáticas

2. Crea clústeres temáticos: por ejemplo, un artículo principal sobre SEO y otros que desarrollen subtópicos como títulos, enlaces, estructura, contenido…

3. Desde cada post, enlaza a otros relacionados.

4. Si hablas sobre URLs amigables, enlaza hacia la estructura web o encabezados HTML, por ejemplo.

5. Incluye enlaces dentro del contenido, no solo al final.

6. El lector se encuentra con ellos de forma natural. Evita la clásica sección "Artículos relacionados" si no está contextualizada.

7. Usa texto ancla descriptivo y natural.

8. Sustituye el típico "haz clic aquí" por algo como: ☞ *"en este post sobre cómo redactar una meta descripción eficaz"*.

9. Evita el exceso.

10. No sobrecargues un texto con enlaces. Máximo 2 a 5 por página si son realmente útiles.

11. Actualiza artículos antiguos con nuevos enlaces.

12. Cuando publiques un nuevo post, revisa los antiguos para añadir el nuevo enlace donde sea relevante.

Ejemplos de uso inteligente

◆ **Ejemplo 1 – Blog de marketing digital**–Un artículo sobre *Google Analytics* enlaza a:

▶ Cómo instalar Analytics.
▶ Cómo leer informes de audiencia.
▶ Qué es la tasa de rebote.

◆ **Ejemplo 2 – Tienda online de zapatillas**–Ficha de producto enlaza a:

▶ Cómo elegir tu talla.
▶ Tipos de suela según uso.
▶ Guía de nuevos modelos.

◆ **Ejemplo 3 – Página de servicios SEO** -Página principal enlaza a:

▶ Auditoría técnica.
▶ SEO local.
▶ Contenido optimizado.

Cómo usar la IA para proponer enlaces internos

Una IA puede ayudarte a detectar oportunidades de enlazado si le das el contexto de tu web y una lista de tus artículos o páginas.

Prompt recomendado: *He escrito un artículo sobre "cómo crear contenido de calidad". Mis otros artículos son: "meta títulos y descripciones", "encabezados HTML", "estructura web SEO". ¿Qué enlaces internos propondrías? Dame texto ancla natural para cada uno.*

De esta forma, la IA no solo te da la estructura, sino también frases reales listas para pegar en tu post.

Enfoque GEO (Generative Engine Optimization)

Las IAs generativas no leen una sola página. Interpretan el contexto completo del sitio. Si tu contenido está bien enlazado:

▶ Es más fácil detectar **especialización temática**.
▶ Se refuerza la **coherencia semántica**.
▶ Aumenta la posibilidad de que **tus páginas aparezcan como fuente** en respuestas generadas por IA.

El enlazado interno no solo es SEO técnico. Es narrativa estratégica. Es como diseñar un mapa que guía al lector –y a la IA– por todo tu ecosistema digital.

5.6 DISEÑO RESPONSIVE

Hace unos años, tener una web que solo se viera bien en el ordenador era suficiente. Pero los tiempos han cambiado. Hoy las personas navegan, compran, leen, buscan y preguntan **desde sus móviles**.

Y si tu web no se adapta automáticamente a cualquier pantalla (móvil, tablet o PC), estás perdiendo visibilidad, confianza… y ventas.

El diseño responsive no es solo diseño. Es funcionalidad, experiencia y posicionamiento.

Este epígrafe te explica qué es, cómo ha evolucionado, por qué influye directamente en tu SEO y qué puedes hacer, aunque no seas diseñador ni programador.

Breve historia: de la web estática al móvil como rey

Al principio, las páginas web se diseñaban solo para resoluciones fijas, como 800x600 o 1024x768. Cuando llegó el móvil, muchas webs simplemente **se veían mal**: textos diminutos, menús inservibles, scroll horizontal obligatorio...

Para resolverlo, se intentó durante un tiempo hacer una versión ".m" del sitio (por ejemplo, m.miweb.com), pero eso duplicaba esfuerzos y generaba errores técnicos.

La solución fue el **diseño responsive**, es decir, un único diseño que se adapta automáticamente a cualquier pantalla.

5.6.1 ¿Qué es una web responsive?

Una web responsive es aquella que:

▸ Se adapta al tamaño del dispositivo del usuario.
▸ Reordena su contenido para facilitar la lectura y la interacción.
▸ Mantiene el diseño funcional, estético y usable en todos los formatos.
▸ Optimiza el peso y la velocidad de carga para conexiones móviles.

No es solo cuestión de verse "bonita" en el móvil. Es **tener una estructura inteligente** que priorice lo importante, facilite la lectura y permita que la persona actúe cómodamente.

5.6.2 ¿Cómo afecta esto al SEO?

Google lo ha dicho claro desde hace años: *"Mobile First Indexing": analizamos primero tu web desde la vista móvil.*

Es decir, si tu web **no es responsive**, Google la considera de menor calidad.

Esto puede significar:

▶ Peor posicionamiento en los resultados de búsqueda.

▶ Tiempos de carga más lentos.

▶ Pérdida de usuarios por frustración.

▶ Altas tasas de rebote.

▶ Menor autoridad.

Además, si tus textos, menús o botones no son legibles ni clicables desde un móvil, no solo pierdes posicionamiento, sino **credibilidad como marca**.

¿Cómo saber si tu web es responsive? Haz estas pruebas:

1. **Entra en tu web desde el móvil** y trata de navegar: ¿es cómoda? ¿se ve todo sin hacer zoom?

2. **Reduce el tamaño del navegador en tu ordenador**: ¿la web se adapta o se rompe?

3. Usa herramientas gratuitas como: Google Mobile-Friendly Test, Responsinator. o la herramienta "Inspeccionar" de Google Chrome, en vista móvil.

¿Qué elementos se deben adaptar?

▶ **Tamaño y legibilidad del texto**
Nunca obligues a hacer zoom. Usa tamaños adaptativos y tipografías claras.

▶ **Menús accesibles**
El menú hamburguesa es común, pero asegúrate de que los elementos se pueden pulsar fácilmente con el dedo.

▶ **Botones con buen tamaño y espaciado**

Nada peor que un botón tan pequeño que cuesta hacer clic.

▼ **Imágenes optimizadas para móvil**
No cargues imágenes pesadas si el usuario está con datos móviles.

▼ **Formularios simplificados**
Si vas a pedir datos desde un móvil, que sea rápido y claro.

¿Y el diseño? ¿Qué tiene que ver con el SEO?

Más de lo que parece. Una web que se **ve bien**, **inspira confianza**. Una web donde el contenido **respira**, donde los colores son agradables, donde las secciones están bien definidas y los espacios están cuidados… **invita a quedarse**.

Y si el usuario se queda, **Google lo premia**. Además, el diseño tiene impacto emocional. Los colores, las formas y las jerarquías visuales afectan a la **intención de interacción**.

Ejemplo sencillo:

▼ Una web desordenada, con muchos colores chillones y sin estructura → provoca rechazo.

▼ Una web limpia, clara, con llamadas a la acción visibles → genera confianza y facilita que el usuario haga clic.

Una web responsive también comunica quién eres.
Y eso es parte de tu SEO.

¿Qué puedes hacer tú, incluso sin saber de código?

▼ Elige **plantillas responsive** si usas WordPress, Wix, PrestaShop o similares.

▼ Revisa tu web regularmente desde distintos dispositivos.

▼ Pide feedback real a tus usuarios: ¿te resulta fácil navegar en móvil?

▼ Usa IA para detectar y mejorar tu diseño (ej.: con análisis visuales de maquetación).

▼ En cada cambio de diseño, **piensa primero en móvil**, no en escritorio.

Enfoque GEO (Generative Engine Optimization)

Los motores de búsqueda generativos –como ChatGPT o Perplexity– interpretan contenido útil, pero también valoran la forma en que se presenta. Una web no responsive **tiene más probabilidades de ser descartada** como fuente en estos sistemas.

Además, si un contenido es difícil de leer o navegar desde el móvil, no podrá integrarse fácilmente en respuestas generadas.

En GEO, no basta con que tu contenido sea bueno. Tiene que ser **usable, adaptable y claro** desde cualquier pantalla.

Conclusión

Hoy, el diseño responsive no es una opción. Es un estándar.

Si tu web no está optimizada para móviles, no solo estás perdiendo oportunidades de posicionamiento, estás poniendo una barrera innecesaria entre tu negocio y tus futuros clientes.

Y lo mejor: no necesitas ser diseñador para tener una web adaptable. Solo necesitas **criterio, intención y las herramientas adecuadas**.

La buena experiencia empieza con una buena pantalla. Haz que cada visita desde el móvil sea también una oportunidad de conectar.

5.7 EXPERIENCIA DE USUARIO (UX)

Historia breve: de la web funcional a la web emocional

En los inicios de Internet, tener una web era algo técnico y funcional. Se priorizaba que cargara, que tuviera texto, y poco más.

Pero con el tiempo, y especialmente con la explosión del uso móvil y la competencia digital, **la atención del usuario empezó a ser el recurso más valioso**. Y con eso, llegó el diseño centrado en la persona.

Hoy no se trata solo de informar. Se trata de **conectar, acompañar y guiar**. El SEO moderno lo sabe, y premia a las webs que lo hacen bien.

5.7.1 ¿Qué es la experiencia de usuario?

La experiencia de usuario –o UX, por sus siglas en inglés (User Experience) – se refiere a **la sensación que una persona tiene cuando navega por tu web**: si le resulta cómoda, clara, rápida, comprensible, útil… o si, por el contrario, se siente perdida, frustrada o sobrecargada.

▸ En el mundo real, sería como entrar a una tienda física:

▸ ¿Está bien señalizada?

▸ ¿Es fácil encontrar lo que buscas?

▸ ¿El ambiente es agradable?

▸ ¿Tienes ganas de volver?

En una web, todo eso se traduce en diseño, estructura, orden, colores, botones, menús, tiempos de carga, llamadas a la acción… Todo lo que rodea al contenido importa tanto como el contenido en sí.

5.7.2 ¿Por qué la UX afecta al SEO?

Porque **Google observa lo que hace el usuario**.

Si una persona entra a tu web y sale en 5 segundos, Google interpreta que algo no ha funcionado: o no era relevante, o no era cómodo, o no era claro.

En cambio, si la persona navega por varias secciones, lee hasta el final, hace clic en enlaces internos, se queda más tiempo… eso **envía señales positivas al algoritmo**.

La UX no es solo estética. Es **una estrategia que conecta con el comportamiento humano**. Y cuando se hace bien, ayuda a:

▸ Disminuir la tasa de rebote.

▸ Aumentar la permanencia media.

▸ Mejorar la conversión.

▸ Aumentar el posicionamiento de forma natural.

5.7.3 ¿Qué aspectos de la UX debes tener en cuenta?

1. *Orden visual y estructura clara*

   No saturar con demasiados elementos. Priorizar la lectura en "bloques respirables" (como hacemos en este libro). El lector debe poder escanear el contenido en segundos.

2. *Tipografía legible y adecuada*

   Usa letras claras, de tamaño suficiente. Que no obliguen a hacer zoom ni generen cansancio visual.

3. *Colores con intención*

   - Colores cálidos para generar confianza.
   - Colores fríos para transmitir tecnología o profesionalidad.
   - Contrastes bien usados para destacar llamadas a la acción.
   - Evita el abuso de negritas o fondos chillones.
   - Los colores también **influyen en la intención de clic**. Un botón rojo puede generar alerta, uno verde puede animar a seguir. Todo comunica.

4. *Botones y menús comprensibles*

   Botones grandes, bien colocados, que digan claramente lo que pasa al pulsarlos ("Ver más", "Solicitar ahora", "Ir al blog").

   Menús visibles, sin más de 6-7 secciones principales. Si un usuario necesita "pensar" para entender tu web, es que algo falla.

5. *Tiempo de carga rápido*

   Aunque esto se trabaja más a fondo en el SEO técnico (capítulo 6), recuerda que nadie espera más de 3 segundos. Una UX excelente se deshace de lo que sobrecarga: plugins innecesarios, imágenes pesadas, efectos inútiles.

¿Cómo evaluar la experiencia de usuario?

- ¿Tu web está pensada para móviles?
- ¿Puedes navegar sin pensar dónde hacer clic?
- ¿Se lee bien? ¿Da gusto estar dentro?
- ¿Guía al usuario o lo deja solo?
- ¿Tiene llamadas a la acción claras y coherentes?

Puedes hacer una pequeña prueba: pídele a una persona sin conocimientos técnicos que entre en tu web y no le expliques nada. Observa qué hace, qué encuentra, dónde se pierde. Esa es tu mejor auditoría UX inicial.

5.7.4 Cómo puede ayudarte la IA a mejorar la UX

Una IA entrenada en usabilidad puede ayudarte a:

- Detectar bloques de texto largos y proponer rediseños.
- Mejorar la redacción de botones y llamadas a la acción.
- Generar versiones simplificadas del menú.
- Evaluar combinaciones de color y contraste.
- Simular la navegación de un usuario nuevo y hacer recomendaciones.

Prompt ejemplo para IA:

Actúa como experto en UX y SEO. Estoy creando una web para vender servicios de fisioterapia. ¿Qué aspectos visuales, estructurales y de navegación debería tener en cuenta para que la experiencia de usuario sea excelente en escritorio y móvil?

UX y SEO generativo (GEO)

En un entorno donde las IAs generativas seleccionan contenido para responder preguntas de los usuarios, **la UX importa más que nunca**.

¿Por qué? Porque una IA prioriza contenidos:

- Bien estructurados.
- Claros.
- Segmentados.
- Orientados a guiar.
- Con jerarquía visual.

Una buena experiencia de usuario **es más indexable, más interpretable y más utilizable** por una IA que está construyendo una respuesta.

SEO OFF PAGE (LO QUE OCURRE FUERA DE TU WEB)

5.8 ESTRATEGIA DE LINK BUILDING Y BACKLINKS

Qué es, cómo conseguir enlaces y por qué siguen siendo uno de los pilares del SEO

Imagina que tienes una web bien construida, con buen contenido, clara, útil y cuidada. Has trabajado tus textos, tu estructura y tu experiencia de usuario. Pero nadie habla de ti. Nadie te menciona. Nadie te recomienda.

En el mundo digital, eso equivale a existir en silencio.

Los enlaces que otras webs hacen hacia la tuya son exactamente eso: **recomendaciones**. Cada backlink es una señal externa que le dice a Google (y ahora también a las IAs generativas):

"Este sitio merece ser tenido en cuenta"

Eso es el **Link Building**: la estrategia mediante la cual consigues que otras páginas web enlacen la tuya de forma natural, coherente y sostenible.

No se trata de pedir favores, ni de comprar enlaces, ni de manipular resultados. Se trata de **merecer ser enlazado** y de saber **dónde y cómo** presentarte para que eso ocurra.

5.8.1 ¿Qué es exactamente un backlink?

Un backlink es un enlace que apunta a tu web desde otra página externa.

- ▸ Desde el punto de vista del usuario, es una vía para descubrirte.
- ▸ Desde el punto de vista de Google, es un **voto de confianza**.

Cuando una web decide enlazarte, está diciendo implícitamente: que tu contenido es útil, que tu información complementa la suya o que tu servicio merece ser recomendado.

Por eso los enlaces siguen siendo uno de los factores más potentes del SEO Off Page.

Cuándo los backlinks ayudan a posicionar, y cuándo no

No todos los enlaces valen lo mismo. Google analiza el contexto completo del enlace, no solo su existencia. Un backlink aporta valor cuando:

- Proviene de una web con cierta autoridad.
- La temática está relacionada con la tuya.
- El enlace aparece dentro de un contenido real, no en un listado artificial.
- El texto del enlace (anchor text) es natural y descriptivo.
- El enlace surge de forma editorial, no forzada.

Un solo enlace bien colocado puede valer más que cien enlaces irrelevantes.

Por el contrario, enlaces comprados, masivos, repetitivos o fuera de contexto no solo no ayudan, sino que pueden perjudicarte.

Si tienes una web sobre alimentación saludable y te enlaza un medio como *dietistas.org*, el enlace tiene mucho valor. Pero si te enlaza una web de apuestas, aunque tenga autoridad, puede ser contraproducente.

5.8.2 Tipos de backlinks (y cómo interpretarlos)

No todos los enlaces transmiten la misma señal:

- **Dofollow.** Transmiten autoridad SEO. Son los más valiosos.

- **Nofollow.** No transmiten autoridad directa, pero pueden aportar tráfico y visibilidad.

- **UGC (contenido generado por usuarios).** Aparecen en foros o comentarios. Su valor depende de la moderación y el contexto.

- **Sponsorizados.** Enlaces pagados que deben estar etiquetados correctamente.

Una estrategia sana combina varios tipos, pero siempre con coherencia.

Qué es realmente una estrategia de Link Building

El Link Building no es una acción puntual. Es una **estrategia continuada** basada en tres pilares:

1. **Calidad antes que cantidad.** Pocos enlaces buenos superan a muchos enlaces malos.

2. **Naturalidad.** El crecimiento de enlaces debe parecer lógico y progresivo.

3. **Coherencia temática.** Debes estar enlazado desde lugares donde tenga sentido que aparezcas.

Cuando estos tres elementos se respetan, el link building funciona incluso para proyectos pequeños.

5.8.3 Formas éticas y sostenibles de conseguir backlinks

1. **Crear contenido enlazable.**Contenido que otras webs quieran citar porque les resulta útil. Ejemplos:
   - Guías prácticas completas.
   - Checklists descargables.
   - Recursos gratuitos.
   - Estudios o encuestas propias (aunque sean pequeñas).
   - Casos reales bien explicados.

2. **Guest posting (artículos invitados).** Escribir un artículo para otro blog o medio a cambio de un enlace contextual. **Claves:**
   - El contenido debe aportar valor real a su audiencia.
   - La temática debe ser afín.
   - El enlace debe estar integrado en el texto, no forzado.

3. **Entrevistas, menciones y colaboraciones, aparecer en:**
   - Medios digitales pequeños.
   - Blogs sectoriales.
   - Asociaciones profesionales.
   - Webs de colaboradores o partners.

4. **Testimonios reales.** Ofrecer una opinión sincera sobre herramientas o servicios que usas y aparecer enlazado como cliente.

5. **Enlaces rotos (Broken Link Building).** Detectar enlaces que ya no funcionan en webs de tu sector y proponer tu contenido como alternativa.

Cómo hacerlo de forma manual (paso a paso)

1. Haz una lista de webs relacionadas con tu sector.
2. Analiza su autoridad y su temática.
3. Decide qué tipo de contenido podrías aportarles.
4. Contacta con una propuesta concreta, no genérica.
5. Crea contenido que justifique el enlace.
6. Monitoriza tus enlaces entrantes.

El link building bien hecho requiere tiempo, pero es acumulativo.

5.8.4 Cómo usar la IA para facilitar el Link Building

La IA puede ayudarte en todo el proceso si le das contexto. Ayúdate de ello para crear prompt (peticiones a ChatGPT), por ejemplo para:

1. **Detectar oportunidades**: "*Actúa como experto en SEO. Analiza estas webs de mi sector [URLs] y dime qué tipo de colaboración podría proponer para conseguir un backlink natural.*"
2. **Redactar correos personalizados**: "Escribe un email profesional y cercano para contactar con el editor de esta web y proponerle un artículo invitado que aporte valor a su audiencia."
3. **Generar contenido enlazable**: "Dame 10 ideas de contenidos prácticos que otros blogs de mi sector estarían dispuestos a enlazar."

Cómo entrenar a la IA para tu estrategia de enlaces

Cuéntale:

- A qué te dedicas.
- Qué servicios o productos quieres posicionar.
- Qué tipo de público buscas.
- Qué webs sigue tu audiencia.
- Qué contenido ya tienes y cuál te falta.

Cuanto más contexto, mejores propuestas.

Cómo redactar prompts útiles para SEO generativo (GEO)

- Evita pedir "solo ideas".
- Especifica **el objetivo del contenido** (por qué quieres que te enlacen).
- Pide resultados adaptados a tu **público y sector**.
- Indica el **tipo de web desde la que quieres el enlace**.

Prompt para entrenamiento inicial: "voy a explicarte a qué me dedico para que puedas ayudarme mejor en mi estrategia de SEO Off Page. Luego quiero que me des ideas concretas de backlinks, medios afines y estrategias para crear contenido enlazable."

Enfoque GEO: Link Building en el SEO generativo

En el SEO generativo, los enlaces no solo sirven para subir posiciones. Sirven para **construir contexto y autoridad temática**.

Las IAs generativas:

- Analizan redes de contenido.
- Detectan qué webs se citan entre sí.
- Valoran quién habla de un tema con coherencia y profundidad.

Un backlink desde una web relevante no solo te ayuda en Google, sino que aumenta la probabilidad de que tu contenido sea utilizado como fuente en respuestas generadas por IA.

Ejemplo de prompt GEO: "Genera una guía práctica sobre "Cómo elegir un colchón si tienes dolor de espalda" pensada para ser enlazada desde blogs de salud, descanso o fisioterapia. Incluye estructura clara, ejemplos y recursos descargables."

Errores comunes que debes evitar

- Comprar enlaces sin criterio.
- Intercambiar enlaces en masa.
- Enlazarte desde webs sin relación con tu sector.
- Repetir siempre el mismo texto ancla.
- Priorizar volumen frente a calidad.

Todo lo que suene artificial termina pasando factura.

Acción práctica para aplicar hoy mismo

1. Identifica 5 webs donde tendría sentido aparecer.

2. Analiza si publican colaboraciones.

3. Define 1 o 2 ideas de contenido que les encajen.

4. Redacta un correo personalizado (con ayuda de IA).

5. Monitoriza resultados y repit

5.9 DIRECTORIOS WEB

Dónde registrarte, cómo hacerlo bien y qué beneficios reales pueden aportarte

Durante años, los directorios web fueron una de las principales formas de ser encontrado en Internet. Eran las antiguas "páginas amarillas digitales". Con el tiempo, muchos perdieron valor, otros se llenaron de spam y algunos quedaron abandonados.

Sin embargo, **los directorios no han muerto**. Simplemente han cambiado su función.

Hoy, un directorio bien elegido y bien trabajado puede aportarte:

- visibilidad adicional
- confianza de marca
- tráfico cualificado
- y enlaces externos que refuercen tu SEO Off Page, especialmente a nivel local o sectorial.

La clave no está en estar en muchos, sino en **estar bien en los adecuados**.

5.9.1 ¿Qué es un directorio web?

Un directorio web es una plataforma que organiza fichas de negocios, profesionales o páginas web por categorías temáticas, sectores o ubicación geográfica.

Normalmente incluye: nombre del negocio, descripción, enlace a la web, datos de contacto, redes sociales, horarios, imágenes y, en algunos casos, valoraciones u opiniones.

Desde el punto de vista del SEO, un directorio puede aportar valor cuando:

- tiene tráfico real
- está bien posicionado
- es coherente con tu actividad
- y permite enlaces contextuales

5.9.2 Tipos de directorios que sí pueden funcionar

No todos los directorios son iguales. Estos son los que siguen teniendo sentido si se usan con criterio:

- **Directorios locales o regionales**. Organizan negocios por ciudad, provincia o zona concreta. Ideales para clínicas, comercios físicos, servicios a domicilio, profesionales que trabajan por zonas.

- **Directorios sectoriales o temáticos**. Especializados en una profesión o industria concreta. Funcionan bien para: servicios técnicos, profesionales especializados, proyectos B2B y marcas personales.

- **Directorios generalistas de confianza.** Plataformas con mucha autoridad y tráfico, aunque no estén especializadas. Sirven para: reforzar presencia de marca, aparecer en búsquedas por nombre y ganar enlaces de dominio fuerte.

- **Agregadores de contenido o blogs**. Recopilan webs o artículos por temática. Interesantes para blogs, proyectos educativos, divulgación y marcas personales.

Estar en pocos directorios buenos aporta más que aparecer en decenas irrelevantes.

5.9.3 Cómo saber si un directorio merece la pena

Antes de registrarte, analiza estos puntos:

1. **Tráfico real** ¿La gente lo usa? Puedes comprobarlo con herramientas como SimilarWeb o Ahrefs.

2. **Autoridad del dominio** Un dominio con cierta autoridad aporta más valor SEO.

3. **Actividad y actualización** Un directorio abandonado suele dejar de ser rastreado por Google.

4. **Coherencia temática o geográfica** Debe tener sentido que tu negocio esté ahí.

5. **Tipo de enlace** Mejor si permite enlaces dofollow, aunque algunos nofollow también pueden aportar visibilidad.

Cómo registrarte correctamente (paso a paso)

Registrarte mal en un directorio es perder tiempo. Hacerlo bien es construir una ficha que trabaje para ti.

1. **Prepara tus datos de negocio**
   - Nombre comercial.
   - Dirección exacta (si aplica).
   - Teléfono y email.
   - URL correcta (home o landing específica).
   - Redes sociales.
   - Horarios.

2. **Mantén la coherencia del NAP** El nombre, dirección y teléfono deben escribirse **exactamente igual** en todos los sitios.

3. **Redacta descripciones personalizadas**
   - Cambia el enfoque según el directorio.
   - Evita copiar y pegar el mismo texto.
   - Usa un lenguaje claro, natural y útil.

4. **Sube imágenes cuidadas**
   - Logo
   - Fotos reales del negocio o servicio
   - Nombra los archivos de forma descriptiva

5. **Revisa la categoría elegida.** Asegúrate de aparecer donde realmente te buscaría tu cliente ideal.

Errores comunes al usar directorios

▶ Registrarse en decenas de directorios irrelevantes.

▶ Usar siempre la misma descripción.

▶ Dejar fichas incompletas.

▶ No revisar datos antiguos o mal escritos.

▶ Apuntar a páginas rotas o incorrectas.

▶   Confiar en servicios de alta automática masiva.

Cantidad sin criterio no solo no ayuda, también puede restar. → Si las últimas fichas son de 2017, sal corriendo

Qué beneficios reales pueden aportarte

Un uso estratégico de directorios puede ayudarte a:

▶   Reforzar tu SEO local.

▶   Mejorar tu reputación digital.

▶   Obtener enlaces externos de calidad.

▶   Aparecer en búsquedas por tu nombre o marca.

▶   Atraer visitas con intención real.

Cómo usar la IA para trabajar los directorios mejor

La inteligencia artificial puede ahorrarte tiempo y ayudarte a hacerlo bien desde el principio. **Prompts de ejemplo:**

Detectar directorios útiles *"Actúa como experto en SEO local. Dime en qué directorios debería registrar mi negocio si soy [tipo de negocio] en [ciudad o país]. Prioriza los relevantes y activos."*

Redactar fichas personalizadas *"Redacta una descripción atractiva y natural para mi negocio pensada para un directorio web. Debe explicar qué hago, a quién ayudo y por qué elegirnos."*

Auditar fichas existentes *"Analiza esta ficha de directorio y dime si es clara, útil y coherente para SEO local. Propón mejoras."*

Prompt para entrenamiento:

"Quiero que actúes como mi asistente SEO. Me dedico a [actividad] en [ciudad] y atiendo principalmente a [tipo de clientes]. Ofrezco [servicios principales]. Quiero posicionarme bien a nivel local y aparecer en los mejores directorios. Ayúdame a construir buenas fichas con textos adaptados a cada directorio."

Enfoque GEO: Directorios en el SEO generativo

Para los motores de búsqueda generativos, los directorios bien trabajados son **puntos de validación externa**. Aportan: coherencia de datos, contexto temático y la confirmación de existencia real del negocio.

Cuando varias fuentes fiables repiten información clara y consistente sobre tu actividad, las IAs tienen más facilidad para reconocerte como entidad válida y recomendable.

5.10 COMPARADORES ECOMMERCE

Cómo aprovecharlos hoy para atraer tráfico cualificado... y cómo prepararte para el nuevo SEO con IA

Si tienes una tienda online, posicionar en Google ya no es suficiente.

Tus potenciales clientes no solo buscan: **comparan, preguntan a IAs**, **consultan recomendaciones automáticas** y toman decisiones cada vez más rápido.

Aquí es donde los **comparadores ecommerce** y la **optimización para motores generativos** se cruzan.

Los comparadores siguen siendo una fuente de tráfico con alta intención de compra, pero además cumplen hoy una función nueva y muy importante:

son una de las principales fuentes de datos que utilizan las IAs para recomendar productos.

Entender esto cambia por completo la forma de trabajar el ecommerce.

5.10.1 ¿Qué es un comparador de ecommerce?

Un comparador de ecommerce es una plataforma que agrupa productos similares de distintas tiendas online y los muestra en una ficha común para que el usuario compare:

- precio
- gastos de envío
- disponibilidad
- características

- valoraciones
- tienda vendedora

El usuario no compra en el comparador (en la mayoría de casos), sino que hace clic y es redirigido a tu tienda para finalizar la compra. Ejemplos habituales: Google Shopping, Idealo, Kelkoo, Twenga o Shopmania entre otros.

Por qué los comparadores siguen siendo clave (y ahora más que nunca)

1. **Tráfico con intención real de compra.** El usuario que llega desde un comparador: ya sabe qué producto quiere, ya ha comparado opciones y está decidiendo dónde comprar. Esto suele traducirse en: menos rebote, más conversión y mejor rendimiento por visita.

2. **Visibilidad indirecta sin pelear cada keyword.** Los comparadores posicionan muy bien en Google. Aparecer en ellos te permite ganar presencia incluso cuando tu tienda no está en los primeros resultados orgánicos.

3. **SEO indirecto y autoridad.** Muchos comparadores enlazan a tu ficha de producto. Estos enlaces: refuerzan tu autoridad, aportan tráfico externo y ayudan a Google (y a las IAs) a entender tus productos.

5.10.2 Novedad clave: los comparadores como fuente para las IAs

Aquí está el gran cambio reciente.

Las nuevas experiencias de búsqueda con IA (Google SGE, ChatGPT, Perplexity, Bing AI) **ya no muestran solo listas de enlaces**. Generan **respuestas completas** que incluyen productos recomendados, precios y tiendas.

Y ¿de dónde salen esos datos? De **feeds estructurados**, de **comparadores**, de **fichas claras y bien organizadas**.

Incluso **ChatGPT Shopping** ya muestra productos con:

- imagen
- precio
- enlace de compra
- y recomendación contextual

Esto significa que tu ecommerce puede aparecer **dentro de una respuesta generada por IA**, aunque no estés primero en Google.

Qué necesitas para trabajar bien con comparadores

Para aprovechar comparadores (y el SEO generativo) necesitas una base sólida:

1. **Una tienda online bien estructurada**: WooCommerce, PrestaShop, Shopify…

2. **Un feed de productos actualizado.** Archivo CSV, XML o Google Sheet con: nombre del producto, descripción, precio, URL, imagen, stock, categoría.

3. **Cumplir normas de calidad.** Cada comparador exige: títulos claros, descripciones útiles, imágenes de calidad y datos coherentes.

5.10.3 Principales comparadores (y cuándo usarlos)

▶ **Google Shopping**–Imprescindible para la mayoría de ecommerce. Alta visibilidad.

▶ **Idealo**–Muy potente en Europa (electrónica, deporte, hogar).

▶ **Kelkoo**–Buen tráfico cualificado en sectores generalistas.

▶ **Shopmania**–Accesible para pequeños negocios.

▶ **Twenga**–Multisectorial y fácil de integrar.

No necesitas estar en todos. Es mejor **estar bien en uno o dos** que mal en cinco.

Errores comunes que penalizan (y ahora penalizan más)

▶ Feeds incompletos o mal estructurados.

▶ Precios o stock desactualizados.

▶ Imágenes pobres o genéricas.

▶ Títulos vagos ("Producto 123").

▶ Descripciones copiadas del proveedor.

▶ Categorías incorrectas.

Hoy estos errores no solo afectan al comparador: **también reducen tus posibilidades de aparecer en respuestas de IA.**

Buenas prácticas que funcionan hoy

- ▶ Títulos largos, claros y descriptivos.
- ▶ Ejemplo: *"Zapatillas trail impermeables hombre suela Vibram talla 43"*
- ▶ Descripciones únicas, centradas en beneficios.
- ▶ Imágenes limpias, grandes y profesionales.
- ▶ Valor diferencial claro: envío rápido, devoluciones, garantía.
- ▶ Datos siempre actualizados.

5.10.4 Cómo usar la IA para optimizar comparadores

Prompt ejemplo para:

- ▶ **Crear títulos y descripciones:** *"Actúa como copywriter experto en ecommerce. Redacta un título optimizado para comparadores y una descripción de máximo 200 caracteres para este producto. Enfócalo a conversión y claridad."*

- ▶ **Auditar fichas:** *"Analiza esta ficha de producto y dime si cumple buenas prácticas para Google Shopping y comparadores. Sugiere mejoras."*

- ▶ **Priorizar productos:** *"Tengo este listado de productos. Indica cuáles tienen más potencial para comparadores por demanda, competencia y margen."*

Enfoque GEO: comparadores + SEO generativo

En el SEO generativo ya no se trata solo de **posicionar páginas**, sino de **ser citado y recomendado**.

Las IAS leen títulos, interpretan descripciones, comparan atributos y cruzan datos de múltiples fuentes.

Una ficha clara, estructurada y coherente:

- ▶ es más fácil de reutilizar por una IA
- ▶ aumenta tu probabilidad de aparecer como recomendación
- ▶ refuerza tu autoridad como tienda

Ejemplo de prompt GEO:

"Redacta una ficha para comparadores del producto "Zapatillas de trail impermeables con suela Vibram". La descripción debe responder a lo que un usuario busca antes de comprar: uso, materiales, ventajas y confianza."

Acción práctica para aplicar hoy

1. Elige uno o dos comparadores adecuados.

2. Prepara un feed limpio y actualizado.

3. Optimiza títulos y descripciones con IA.

4. Revisa imágenes, stock y precios.

5. Sube el feed y corrige errores.

6. Analiza clics y conversiones.

7. Ajusta fichas según resultados.

Idea clave para llevarte

Hoy, trabajar comparadores no es solo vender más. Es **enseñar a Google y a las IAs quién eres, qué vendes y por qué deben recomendarte**.

El ecommerce que entienda esto antes, jugará con ventaja.

De la visibilidad a la respuesta correcta: el puente hacia el SEO generativo

Aparecer en comparadores, optimizar fichas para motores de búsqueda y lograr que una IA muestre tus productos como opción recomendada es un gran avance.

Significa que **estás siendo leído, entendido y tenido en cuenta**.

Pero el SEO actual no se queda ahí.

En un entorno donde los motores generativos no solo muestran enlaces, sino que **construyen respuestas completas**, la visibilidad ya no se mide solo en clics, sino en **capacidad de encajar con una intención concreta**.

Aquí entra en juego el enfoque **GEO (Generative Engine Optimization)**:

no se trata únicamente de atraer tráfico, sino de **aparecer como la mejor respuesta posible** cuando una persona pregunta, compara o decide.

Por eso, el siguiente paso natural es entender qué tipo de tráfico estás atrayendo, desde dónde llega y con qué intención real.

Porque solo cuando tu contenido, tus productos y tu mensaje responden exactamente a lo que alguien busca, los motores generativos te eligen... y el negocio ocurre.

De eso trata el próximo apartado: **tráfico cualificado**, entendido no solo desde el SEO tradicional, sino desde el nuevo SEO generativo.

5.11 TRÁFICO CUALIFICADO

Cómo atraer, interactuar y fidelizar en la era del SEO generativo

Atraer tráfico nunca ha sido el verdadero objetivo del SEO.

El objetivo siempre ha sido **conectar con las personas adecuadas**.

Hoy, con la llegada de los motores de búsqueda generativos y las IAs conversacionales, esta idea se vuelve aún más clara: no importa cuántas visitas tengas, sino **con quién interactúas**, **qué relación construyes** y **si tu contenido es lo suficientemente claro y útil como para que una IA te elija antes que a otros**.

El tráfico cualificado es el punto de partida de todo eso.

5.11.1 Tráfico cualificado: atraer para interactuar (no solo para contar visitas)

El tráfico cualificado no es solo alguien que entra en tu web. Es alguien que: llega con una intención concreta, encuentra una respuesta clara, siente que le entienden, y tiene la posibilidad real de interactuar contigo.

Interactuar puede significar muchas cosas: leer más páginas, guardar tu contenido, escribirte, suscribirse, volver otro día y/o recomendarte.

En el SEO actual, la interacción es una señal clave, **tanto para Google como para las IAs.** Si alguien entra, consume y se va sin interactuar, tu contenido pierde fuerza.

> ▶ Si alguien entra, se queda, navega, guarda o vuelve, **tu contenido gana valor algorítmico y humano.**

De atraer tráfico a construir relación (el paso que muchos no hacen).
Uno de los errores más comunes es pensar que el SEO termina cuando alguien llega
a tu web. En realidad, **ahí empieza lo importante**. El tráfico cualificado te permite:

- ▶ iniciar una conversación
- ▶ acompañar al usuario en su proceso
- ▶ generar confianza
- ▶ y preparar el terreno para una fidelización futura
- ▶ Esto es clave porque:
- ▶ no todas las personas convierten a la primera
- ▶ muchas necesitan tiempo, información y repetición
- ▶ y las IAs detectan qué contenidos generan relación, no solo clics

  Una web pensada solo para atraer visitas es frágil. Una web pensada para
  atraer, interactuar y fidelizar es sostenible.

Contenido cualificado para personas… y para IAs

Aquí entra el gran cambio actual. Las IAs no buscan "la web con más SEO",
buscan:la que responde mejor, la que explica con claridad, la que estructura bien la
información, la que anticipa dudas y la que demuestra experiencia real.

Cuando vuelcas contenido preparado para IAs bien organizado,
semánticamente claro y con intención bien definida, las IAs pueden **encontrarte,
entenderte y recomendarte antes que a otros**, incluso aunque no seas el que más
tráfico tiene hoy.

Este es uno de los mayores beneficios del tráfico cualificado: **entrena
indirectamente a los motores generativos**.

5.11.2 Cómo el tráfico cualificado ayuda a que las IAs te elijan

Cuando una IA analiza qué fuente recomendar:

1. observa si el contenido responde a la pregunta completa,

2. detecta si hay coherencia temática,

3. evalúa si el usuario suele interactuar con ese tipo de contenido,

4. prioriza fuentes claras, útiles y bien estructuradas.

Si tu web atrae tráfico cualificado: hay menos rebote, más tiempo de lectura, más navegación interna y más señales de satisfacción.

Todo eso aumenta la probabilidad de que una IA diga: "Esta fuente es buena. Vamos a usarla."

Tráfico cualificado como base de la fidelización

Una vez que el usuario llega con intención clara y encuentra valor, puedes: guiarlo hacia otros contenidos relacionados, ofrecerle recursos descargables, invitarle a seguir aprendiendo contigo, y facilitar que vuelva cuando lo necesite.

Esto crea: recurrencia, recuerdo de marca y autoridad percibida.

Y en el SEO generativo, **la autoridad no se declara: se demuestra**.

Las IAs prefieren fuentes que: parecen coherentes en el tiempo, abordan un tema con profundidad, y acompañan al usuario, no lo empujan a vender.

Analiza si tu contenido invita a interactuar con estos Prompts de ejemplo:

"Analiza esta página y dime si invita a que el usuario siga navegando o interactúe. ¿Dónde podría perderse el interés? ¿Qué mejorarías?"

"Genera ideas de contenido pensadas para acompañar a un usuario que está en fase de decisión, no solo de información."

"Reestructura este contenido para que una IA pueda extraer respuestas claras, bloques independientes y conceptos bien definidos."

Enfoque GEO: atraer, interactuar, fidelizar y ser elegido. En GEO (Generative Engine Optimization) el proceso es circular:

1. Atraes tráfico cualificado.

2. Ese tráfico interactúa y se queda.

3. La IA detecta utilidad real.

4. Te recomienda antes que a otros.

5. Llega más tráfico cualificado.

6. Se refuerza la fidelización y la autoridad.

No se trata de "ganar a Google". Se trata de **ser la mejor respuesta posible**, tanto para personas como para sistemas generativos. La respuesta que estructura bien la información, la que anticipa dudas y la que demuestra experiencia real.

Cuando vuelcas contenido preparado para IAs bien organizado, semánticamente claro y con intención bien definida, las IAs pueden **encontrarte, entenderte y recomendarte antes que a otros**, incluso aunque no seas el que más tráfico tiene hoy.

Este es uno de los mayores beneficios del tráfico cualificado: **entrena indirectamente a los motores generativos**.

5.11.3 Cómo el tráfico cualificado ayuda a que las IAs te elijan

Cuando una IA analiza qué fuente recomendar:

▸ observa si el contenido responde a la pregunta completa,
▸ detecta si hay coherencia temática,
▸ evalúa si el usuario suele interactuar con ese tipo de contenido,
▸ prioriza fuentes claras, útiles y bien estructuradas.

Si tu web atrae tráfico cualificado:

▸ hay menos rebote,
▸ más tiempo de lectura,
▸ más navegación interna,
▸ más señales de satisfacción.

Todo eso aumenta la probabilidad de que una IA diga: "Esta fuente es buena. Vamos a usarla."

5.11.4 Tráfico cualificado como base de la fidelización

Una vez que el usuario llega con intención clara y encuentra valor, puedes:

▸ guiarlo hacia otros contenidos relacionados,
▸ ofrecerle recursos descargables,
▸ invitarle a seguir aprendiendo contigo,
▸ facilitar que vuelva cuando lo necesite.

Esto crea: recurrencia, recuerdo de marca y autoridad percibida.

Y en el SEO generativo, **la autoridad no se declara: se demuestra**.

Las IAs prefieren fuentes que parecen coherentes en el tiempo, abordan un tema con profundidad y acompañan al usuario, no lo empujan a vender.

Analizar si tu contenido invita a interactuar. Prompt ejemplo:

"Analiza esta página y dime si invita a que el usuario siga navegando o interactúe. ¿Dónde podría perderse el interés? ¿Qué mejorarías?"

"Genera ideas de contenido pensadas para acompañar a un usuario que está en fase de decisión, no solo de información."

"Reestructura este contenido para que una IA pueda extraer respuestas claras, bloques independientes y conceptos bien definidos."

Enfoque GEO: atraer, interactuar, fidelizar y ser elegido. En GEO (Generative Engine Optimization) el proceso es circular:

1. Atraes tráfico cualificado.

2. Ese tráfico interactúa y se queda.

3. La IA detecta utilidad real.

4. Te recomienda antes que a otros.

5. Llega más tráfico cualificado.

6. Se refuerza la fidelización y la autoridad.

No se trata de "ganar a Google". Se trata de **ser la mejor respuesta posible**, tanto para personas como para sistemas generativos.

Idea clave para cerrar este apartado

El tráfico cualificado no es el final del SEO.

Es el principio de la relación.

Si atraes bien, interactúas con criterio y fidelizas con contenido útil, las IAs no solo te encontrarán:**te priorizarán**. Y eso es exactamente lo que buscamos en el SEO actual.

5.12 EVOLUCIÓN DE LOS ALGORITMOS NACIMIENTO DEL SEO GENERATIVO

Por qué ahora es más fácil hacerlo bien (si sabes cómo)

Comprender el SEO actual exige mirar al pasado, pero también aceptar una realidad clara: **los motores de búsqueda ya no funcionan como antes**.

El posicionamiento web no nació con la inteligencia artificial, ni siquiera con Google. Desde sus inicios, el SEO ha sido una sucesión de intentos por entender cómo "piensa" un algoritmo… y cómo adaptarse a él.

Durante años, el SEO estuvo rodeado de fórmulas secretas, trucos técnicos y atajos poco éticos.

Hoy, gracias a la evolución de los algoritmos y a la irrupción de la inteligencia artificial generativa, ese paradigma ha cambiado por completo.

Lo técnico sigue siendo importante, pero **ya no es lo determinante**.

Ahora ganan quienes entienden a su cliente, saben comunicar con claridad y usan la IA como aliada para crear contenido útil, humano y bien estructurado. Por eso, este es el mejor momento para hacer SEO, incluso aunque no seas técnico.

Porque, por primera vez, **los algoritmos quieren lo mismo que las personas**: claridad, utilidad, coherencia y confianza.

De "hackear al buscador" a responder mejor que nadie

1. **SEO experimental y manipulable (1996–2009)**
   En los primeros años, el SEO era un laboratorio sin normas claras. Funcionaba quien encontraba la forma más rápida de engañar al sistema: repetir palabras clave sin sentido, enlazar desde cualquier sitio, ocultar texto y duplicar contenido masivamente.
   Era el SEO de "hackear al buscador". Funcionaba… hasta que dejó de hacerlo.

2. **SEO técnico y estructurado (2010–2018)**
   Con la madurez de Google llegan los filtros de calidad:

   - **Panda** penaliza contenido pobre o duplicado
   - **Penguin** castiga enlaces manipulados
   - **Hummingbird** introduce la intención de búsqueda

El SEO se vuelve técnico:

- estructuras
- URLs
- sitemaps
- microdatos
- link building estratégico

Durante esta etapa, **posicionar parecía reservado a expertos técnicos o agencias**.

3. **SEO semántico, útil y generativo (2019–hoy)**

   Aquí ocurre el verdadero cambio. Los algoritmos empiezan a comportarse como un lector humano:

   - **RankBrain** introduce machine learning.
   - **BERT** entiende el contexto y el lenguaje natural.
   - **Passage Ranking** posiciona fragmentos concretos.
   - **Helpful Content Update** prioriza contenido útil para personas.
   - **IA generativa (SGE / AI Overviews)** construye respuestas completas.

Ya no se trata de mostrar enlaces, sino de **dar respuestas**.

Y eso da lugar a una nueva disciplina:

☞ **SEO generativo (GEO – Generative Engine Optimization)**.

Qué es el SEO generativo (GEO)

El SEO generativo no consiste en escribir "para la IA".

Consiste en crear contenido **tan claro, útil y bien estructurado** que una IA pueda:

- ▶ entenderlo,
- ▶ confiar en él,
- ▶ y utilizarlo como fuente para responder a una pregunta real.

En lugar de competir por una palabra clave, compites por **ser la mejor respuesta posible**.

El SEO deja de ser una carrera de posiciones y pasa a ser una **elección editorial** por parte de los motores generativos.

Cómo piensan hoy los motores de búsqueda con IA

Los sistemas generativos analizan:

- la intención completa de la pregunta
- el contexto
- la claridad del contenido
- la coherencia temática del sitio
- la experiencia que transmite la fuente

Y deciden:

"¿A quién cito, a quién resumo, a quién uso como referencia?"

Aquí ocurre algo clave:

☞ **ya no gana quien más optimiza, sino quien mejor explica**.

GEO frente al SEO tradicional

Antes	Ahora
Posicionar palabras	Resolver preguntas
Competir por clics	Competir por relevancia
Contenido aislado	Ecosistemas coherentes
SEO técnico dominante	Intención y utilidad
Google como juez	IA como mediadora

En GEO, el posicionamiento no es un lugar. Es **ser elegido como fuente**.

Autoridad temática: la gran clave actual

Las IAs no confían en textos sueltos. Confían en **proyectos coherentes**.

Una web que habla de todo un poco es difícil de interpretar y no transmite especialización.

Una web que profundiza en un tema refuerza su autoridad, aumenta su probabilidad de ser citada y gana peso en respuestas generativas.

El SEO generativo premia la profundidad, la consistencia, la experiencia real y la continuidad en el tiempo.

Contenido preparado para personas... y para IAs

Un contenido GEO suele:

- responder rápido al inicio
- desarrollarse con contexto
- anticipar dudas
- usar ejemplos reales
- estructurarse en bloques claros
- cerrar con orientación práctica

Cada bloque debe poder funcionar como una **respuesta independiente**.

Por eso, hoy los encabezados son preguntas, los párrafos son claros y el relleno desaparece.

La IA como aliada (no como atajo)

La IA no sustituye tu criterio. Lo amplifica.

Bien utilizada, te ayuda a:

- detectar preguntas reales
- estructurar respuestas completas
- mejorar claridad
- actualizar contenidos antiguos
- adaptar textos al SEO generativo

Mal utilizada, produce contenido genérico que **desaparece**.

Qué evitar en el SEO actual

- Escribir solo para Google.
- Repetir palabras clave sin intención.
- Crear contenido superficial.
- Comprar enlaces sin contexto.
- Automatizar textos sin revisión humana.
- Copiar lo que ya existe.

En el SEO generativo, **lo genérico no compite**.

Por qué ahora es más fácil hacerlo bien

Porque los motores ya no buscan trampas. Buscan señales de utilidad, humanidad y autenticidad.

Y tú puedes dárselas si conoces tu negocio, escuchas a tus clientes, respondes con claridad, usas la IA con criterio, y aportas experiencia real.

El SEO se ha democratizado. Ya no gana quien sabe más código, sino quien **entiende mejor a las personas**.

Acción práctica inmediata

1. Revisa tus contenidos antiguos: ¿ayudan de verdad?

2. Haz una lista de preguntas reales de tus clientes.

3. Redacta respuestas completas, no textos "SEO".

4. Usa la IA para mejorar estructura, no para sustituirte.

5. Piensa siempre: *¿sería esta una buena respuesta generada por una IA?*

Idea clave para cerrar

El SEO actual no va de algoritmos, va de **comprensión**.

Quien mejor entiende a su cliente, mejor responde a sus preguntas, y mejor estructura su conocimiento, no solo posiciona ☞ **Se convierte en referencia.**

Y en el SEO generativo, las referencias son las que ganan.

Transición al siguiente capítulo

En el próximo capítulo entraremos en el **SEO técnico**: todo lo que ocurre "bajo el capó" de tu web: Velocidad, indexación, arquitectura invisible.

Pero con una idea clara: **lo técnico solo tiene sentido cuando está al servicio de la experiencia y del SEO generativo**.

Seguimos. 💡

6

SEO TÉCNICO

6.1 ¿QUÉ ES EL SEO TÉCNICO?

El **SEO técnico** se refiere a todas las optimizaciones que ayudan a que los motores de búsqueda **puedan rastrear, indexar y entender correctamente tu sitio web**, mejorando así su visibilidad. No se trata de escribir contenido, sino de que **la estructura y el código** de tu web sean limpios, rápidos y fáciles de analizar para Google.

El SEO técnico se ocupa de **todo aquello que no se ve en la superficie de una web**, pero que determina si Google y otros motores (incluidos los motores generativos como ChatGPT) **pueden encontrar, entender y valorar tu contenido**.

- ▸ En otras palabras: mientras el SEO on page trabaja en lo que ve el usuario, el SEO técnico se encarga de lo que ve Google.

- ▸ Su objetivo es que la web sea **rápida, accesible, bien estructurada y sin errores**.

Ejemplo sencillo:

Imagina que tu web es un libro. El SEO técnico se encarga de que el índice esté bien hecho, las páginas no se repitan, los capítulos estén en orden y no haya errores de imprenta.

6.2 ¿POR QUÉ ES IMPORTANTE EL SEO TÉCNICO?

➤ Si Google no puede **rastrear bien** tu web, no la mostrará.

➤ Si tu web **tarda mucho en cargar**, los usuarios se van.

➤ Si tienes **errores internos**, como enlaces rotos o duplicidades, perderás autoridad.

➤ Y si tu web **no es segura (HTTPS)**, tampoco generarás confianza.

Los algoritmos actuales no solo analizan el contenido de una web, sino **la experiencia completa del sitio**. Si tu web es lenta, insegura, o desordenada, Google la evitará… y los motores generativos también.

📌 Impacto en los motores generativos (GEO–Generative Engine Optimization)

Los motores generativos extraen respuestas de webs **que pueden entender con facilidad**. Si tu web tiene errores técnicos, duplicidades o estructura desorganizada, **es menos probable que sea usada como fuente para responder en IA como ChatGPT.**

Consecuencia: puedes tener el mejor contenido del mundo, pero si no está bien servido, **no aparecerá en Google**.

6.3 FACTORES CLAVE DEL SEO TÉCNICO

Aquí tienes los aspectos más importantes a tener en cuenta:

Factor técnico	¿Qué es?	¿Por qué importa?	Herramientas recomendadas
Velocidad de carga	Tiempo que tarda la web en mostrar el contenido	Afecta directamente al SEO y a la experiencia del usuario	PageSpeed Insights, GTmetrix
Responsive design	Que se vea bien en móvil y tablet	Google prioriza la versión móvil para el ranking	Herramienta de prueba móvil de Google
Seguridad HTTPS	Que la web tenga certificado SSL (candado verde)	Aumenta la confianza y mejora el posicionamiento	SSL Checker

Factor técnico	¿Qué es?	¿Por qué importa?	Herramientas recomendadas
Sitemap XML	Mapa del sitio para Google	Facilita el rastreo	Google Search Console
Robots.txt	Archivo que indica qué páginas puede o no rastrear Google	Evita mostrar contenido no relevante	Google Search Console
Enlaces rotos	URLs que ya no funcionan	Generan errores y mala experiencia	Broken Link Checker, Screaming Frog
Canibalización	Múltiples páginas compiten por la misma palabra clave	Divide la fuerza de tu SEO	Análisis manual o con Semrush
Duplicación de contenido	Contenido repetido en varias URLs	Penaliza tu posicionamiento	Siteliner, Copyscape

Vamos punto por punto, con más profundidad.

☑ Velocidad de carga (WPO–Web Performance Optimization)

▶ Es el **tiempo que tarda tu web en cargar completamente**. Lo ideal: menos de 3 segundos.

▶ Afecta al SEO porque **un usuario que espera más de 3 segundos, suele abandonar**.

▶ También afecta al SEO generativo: **una web lenta tiene menos posibilidades de ser indexada frecuentemente** y usada como fuente.

✎ Cómo mejorar:

▶ Comprime imágenes (TinyPNG).

▶ Usa caché (WP Rocket, LiteSpeed).

▶ Carga scripts de forma diferida.

▶ Hosting rápido.

🖱 *IA: puedes copiar el informe de PageSpeed en ChatGPT y pedirte explicaciones paso a paso.*

☑ Diseño responsive

- Significa que tu web **se adapta bien a móviles y tablets**.
- Desde 2020, **Google indexa primero la versión móvil**, no la de escritorio.
- Si los elementos se descuadran, hay textos cortados o botones difíciles de pulsar, **Google baja tu posición**.

📎 Cómo revisar:

- Usa Test de optimización móvil de Google.
- Revisa manualmente desde varios dispositivos.

🧠 *IA: puedes mostrar capturas o el HTML y pedirle mejoras visuales y estructurales orientadas a UX y SEO.*

☑ Seguridad HTTPS

- Una web con HTTPS (candado verde) **usa un certificado SSL**, que cifra los datos entre el usuario y tu servidor.
- Google marcó como **"no segura"** cualquier web sin HTTPS.
- No tenerlo perjudica la confianza y el ranking.

📎 Cómo aplicarlo:

- Pídelo a tu proveedor de hosting (normalmente es gratuito con Let's Encrypt).
- Configura redirecciones de HTTP a HTTPS.

📌 *Aunque los motores generativos no priorizan por HTTPS, **sí evitan citar webs inseguras o que puedan comprometer la privacidad del usuario.***

☑ Sitemap.xml

- Es un **índice automático** con todas las URLs que quieres que Google rastree.
- Se envía desde Google Search Console.
- Acelera el descubrimiento de contenido nuevo.

✎ Cómo crearlo:

▶ Plugins como Yoast o Rank Math en WordPress lo hacen automáticamente.

💬 *Puedes pedirle a la IA: "¿Puedes revisar este sitemap.xml y decirme si hay problemas o URLs que no deberían estar?".*

✈ *GEO: los motores generativos dependen en parte de lo que Google tiene indexado. Si una URL no aparece en tu sitemap, puede no llegar a formar parte de su conocimiento.*

☑ Robots.txt

▶ Es un archivo que indica a los bots qué partes de tu web pueden o no rastrear.

▶ Evita que se indexen páginas innecesarias (como /wp-admin/ o carritos de compra vacíos).

✎ Cómo configurarlo: 💬 *puedes pedir a la IA: "Este es mi robots.txt, ¿lo ves correcto para una tienda online con blog?".*

✈ *GEO: si bloqueas contenido útil sin querer, ese contenido no será ni indexado ni usado por modelos de lenguaje.*

☑ Enlaces rotos (Errores 404)

▶ Son URLs que ya no existen. Un error común: mover una página sin redireccionarla.

▶ Google considera los enlaces rotos como **una señal de abandono**.

▶ Los usuarios abandonan al encontrarse con ellos.

✎ Cómo detectarlos:

▶ Herramientas como Screaming Frog o Broken Link Checker.
▶ Plugins de WordPress.

✈ *Las webs con muchos enlaces rotos rara vez se enlazan en motores generativos porque generan una mala experiencia.*

☑ Canibalización SEO

⚑ Se produce cuando **dos o más páginas compiten por la misma palabra clave**.

⚑ Esto confunde a Google: no sabe cuál mostrar… y a veces no muestra ninguna.

⚑ Lo mismo ocurre en motores generativos: si varias páginas tuyas dicen lo mismo, **la IA no sabe cuál es más relevante**.

✎ Cómo detectarlo:

⚑ Búsqueda en Google: `site:tudominio.com palabra clave`.

⚑ O con herramientas como Semrush o Sistrix.

🖰 *Puedes pegarle a la IA los títulos y descripciones de varias URLs y preguntarle cuál tiene mejor intención de búsqueda o cómo unificarlas.*

☑ Contenido duplicado

⚑ Ocurre cuando **dos páginas de tu web (o tu web y otra) tienen textos muy similares o idénticos**.

⚑ Penaliza el SEO porque **dificulta a Google saber cuál mostrar**.

⚑ A veces ocurre sin querer: productos con descripciones iguales, o filtros que generan URLs diferentes para lo mismo.

✎ Cómo detectarlo:

⚑ Herramientas: Siteliner, Copyscape.

⚑ Manualmente: busca un párrafo exacto entre comillas en Google.

📌 *Los motores generativos penalizan el contenido duplicado porque lo interpretan como poco valioso. Prefieren citar webs con contenido original, profundo y específico.*

6.4 CÓMO APLICAR EL SEO TÉCNICO MANUALMENTE

▼ **Verifica la velocidad** con PageSpeed Insights. Corrige lo que te indique (imágenes, JavaScript, CSS...).

▼ **Revisa si tu web es responsive.** Prueba desde tu móvil o usa el test de Google.

▼ **Asegúrate de tener HTTPS.** Si no, solicita el certificado a tu proveedor de hosting.

▼ **Crea un sitemap XML** con un plugin si usas WordPress (por ejemplo, Rank Math o Yoast).

▼ **Revisa enlaces rotos** con plugins o herramientas externas.

▼ **Comprueba el archivo robots.txt** y asegúrate de que no estás bloqueando páginas importantes.

El SEO técnico **no es opcional**. Es el cimiento invisible de tu posicionamiento. Una web con buen SEO técnico:

▼ Carga rápido.
▼ Está limpia de errores.
▼ Es fácil de rastrear.
▼ Se adapta a todos los dispositivos.
▼ Y **permite a la IA entender y citar sus contenidos con facilidad.**

6.5 CORE WEB VITALS: LAS MÉTRICAS CLAVE DE GOOGLE

Los **Core Web Vitals** son **tres métricas que Google considera fundamentales** para evaluar la experiencia de usuario en una página web. Se centran en **velocidad, interactividad y estabilidad visual**.

Métrica	¿Qué mide?	Valor ideal
LCP (Largest Contentful Paint)	Tiempo de carga del contenido principal visible	Menos de 2.5 segundos
FID (First Input Delay)	Tiempo de respuesta al primer clic del usuario	Menos de 100 milisegundos
CLS (Cumulative Layout Shift)	Cuánto se mueven los elementos visuales mientras carga la página	Menos de 0.1

✂ ¿Cómo se mide?

▸ Google PageSpeed Insights.

▸ Google Search Console (apartado "Experiencia").

▸ Extensiones como Lighthouse o Web Vitals para Chrome.

📌 GEO (Generative Engine Optimization)

Un sitio que cumple con estas métricas es más confiable, y es **más probable que se use como fuente de respuestas** para motores generativos que priorizan sitios rápidos, estables y bien organizados.

💬 **Prompt útil para IA:** "Aquí tienes los datos de Core Web Vitals de mi sitio. Dime en qué orden debo mejorar los problemas detectados y cómo hacerlo sin ser desarrollador".

Cómo aplicar SEO técnico con ayuda de la IA

▸   ✂ **Con ChatGPT** puedes revisar el código de tu web y pedirle mejoras: "Este es el código fuente de mi página de inicio. ¿Qué mejoras técnicas puedes sugerir para SEO?".

▸   💬 **Puedes pedirle a la IA que revise tu informe de PageSpeed y lo traduzca a acciones claras:**"Esta es la auditoría de PageSpeed. ¿Qué debería hacer en orden de prioridad si no soy técnico?".

▸   🔄 **Puedes automatizar tareas con Make o Zapier**:
   • Enviar alertas si hay páginas caídas.
   • Recibir avisos si sube el tiempo de carga.
   • Actualizar el sitemap automáticamente al publicar nuevo contenido.

Cómo entrenar a la IA para que entienda tu caso

"Mi web es una tienda online de ropa para bebés. Estoy usando WordPress y me

importa mucho que cargue rápido. ¿Qué acciones técnicas debería revisar y automatizar para mejorar mi posicionamiento?".

Con este tipo de información, la IA puede darte recomendaciones **más relevantes y personalizadas**.

> **ⓘ Ejemplo práctico de prompt SEO técnico**
>
> **Prompt útil para IA (ChatGPT, Gemini, Copilot):** "Actúa como experto en SEO técnico. Dame una lista priorizada de mejoras a aplicar en una web WordPress que tarda 5 segundos en cargar, tiene errores 404, y no tiene sitemap. El objetivo es mejorar el rastreo de Google y reducir la tasa de rebote".

6.6 ESTRUCTURA HTML ORIENTADA A SEO

Una **estructura HTML limpia y semántica** ayuda a que los motores de búsqueda y generativos **entiendan el contenido y su jerarquía**. No se trata solo de que algo se "vea bien", sino de que **esté bien etiquetado internamente**.

🐾 Elementos clave del HTML

Etiqueta	Función	Importancia SEO
`<title>`	Título de la página que aparece en Google	Muy alta
`<meta description>`	Resumen breve para los resultados de búsqueda	Alta (indirecta)
`<h1>`	Título principal de la página	Muy alta (debe haber uno solo)
`<h2>`, `<h3>`	Subtítulos que organizan el contenido	Alta
`<a href="">`	Enlaces (internos o externos)	Alta
`<img alt="">`	Descripción de las imágenes	Alta (para accesibilidad e imágenes de Google)
`<header>`, `<main>`, `<footer>`	Estructura semántica general	Mejora el rastreo y la comprensión

📌 Errores comunes

- ⯈ Tener más de un `<h1>`.
- ⯈ No usar etiquetas de encabezado y usar solo estilos visuales (como `<div class="título">`).
- ⯈ Imágenes sin `alt`.

🐾 **Prompt para IA:** "Este es el HTML de una página de mi blog. ¿Puedes decirme si la estructura semántica está bien y cómo mejorarla para SEO técnico?".

📌 **GEO**

Las IAs no "ven" la web como los humanos: **leen el código**. Una estructura semántica clara aumenta la probabilidad de que un motor generativo comprenda el contenido y lo integre en su respuesta.

6.7 INDEXACIÓN SEMÁNTICA: QUE GOOGLE Y LA IA ENTIENDAN TU CONTENIDO

La **indexación semántica** es el proceso por el cual Google y otros motores no solo analizan palabras clave, sino que **interpretan el significado del contenido**.

Ya no se trata de repetir palabras, sino de **relacionar conceptos de forma coherente y útil**.

Ejemplo:

▶ Un artículo sobre "entrenamiento de fuerza para adolescentes" no debe mencionar solo "fuerza" y "adolescentes".

▶ Debe incluir términos relacionados como: "desarrollo muscular", "edad biológica", "prevención de lesiones", "ejercicios funcionales", etc.

📌 **Beneficio SEO:**

Esto ayuda a **posicionarse para más búsquedas relacionadas** y mejora la autoridad temática de tu web.

📌 **Beneficio GEO:**

Los motores generativos buscan **contexto y profundidad**. Si tu web aborda un tema con riqueza semántica, **es más probable que te citen como fuente confiable** en respuestas largas y detalladas.

💬 **Prompt útil para IA:** "Estoy escribiendo una página sobre [tema]. ¿Qué términos relacionados y sinónimos debería usar para mejorar la indexación semántica y el SEO generativo?".

6.8 ¿CÓMO ENTRENAR A LA IA PARA MEJORAR TU SEO TÉCNICO?

Puedes usar ChatGPT, Copilot o Gemini como **auditor técnico** paso a paso. Pero cuanto mejor le expliques tu situación, mejores resultados obtendrás.

> ### ⓘ Ejemplo de prompt bien entrenado
>
> "Tengo una web en WordPress para mi tienda de ropa ecológica. Me preocupa la velocidad, la estructura de encabezados y la duplicidad de contenidos. No soy técnica. ¿Puedes ayudarme a auditarla paso a paso?".

Este enfoque permite que la IA actúe como **consultor SEO técnico** sin que tengas que saber código.

6.9 RESUMEN PRÁCTICO

Área técnica	Qué revisar	Cómo mejorarlo	Cómo apoyarte con IA
Carga web (WPO)	LCP, FID, CLS	Optimiza imágenes, scripts, hosting	Pide diagnóstico a partir de PageSpeed
HTML semántico	Títulos, estructura, alt, enlaces	Corrige etiquetas mal usadas	Pide revisión del HTML
Rastreabilidad	Sitemap, robots.txt, enlaces rotos	Usa Search Console y plugins	Pide interpretación de estos archivos
Significado del contenido	Relación de conceptos	Enriquecer el vocabulario semántico	Pide términos relacionados al tema
Adaptación GEO	¿La IA puede entender tu sitio?	Claridad, estructura, originalidad	Pide simular cómo te vería un motor generativo

6.10 ⚙ AUTOMATIZACIÓN DEL SEO TÉCNICO CON HERRAMIENTAS + IA (SIN SABER PROGRAMAR)

¿Por qué automatizar? El SEO técnico requiere constancia. Las webs cambian, se actualizan, se rompen…Por eso, automatizar ciertas tareas **te permite ahorrar tiempo, evitar errores y detectar problemas antes de que afecten a tu posicionamiento**.

✅ Tareas que puedes automatizar (aunque no seas técnico)

Tarea	Herramienta	¿Qué hace por ti?	IA asociada
Revisión de velocidad periódica	PageSpeed + Make	Te avisa si baja el rendimiento	IA analiza el informe y propone soluciones
Actualización del sitemap	Yoast / Rank Math	Cada vez que creas contenido, actualiza el sitemap	IA puede revisar el sitemap por ti
Comprobación de enlaces rotos	Broken Link Checker (plugin o app)	Escanea y avisa de enlaces rotos	IA puede ayudarte a redactar redirecciones o correcciones
Alertas de caídas o errores 500/404	Uptime Robot + Make	Te avisa si la web deja de estar disponible	IA puede redactarte un email de disculpa automática
Auditoría técnica mensual	Screaming Frog (modo automático)	Rastrea tu web entera y genera un informe técnico	IA lo interpreta y traduce en acciones concretas
Revisión de archivos robots.txt y sitemap.xml	Google Search Console + ChatGPT	Puedes revisarlos y pedir ayuda para entenderlos	IA puede reescribirlos por ti correctamente
Revisión semántica del contenido	SurferSEO / ChatGPT	Analiza si tu contenido cubre todos los conceptos relacionados	IA te sugiere qué ampliar o mejorar

🧠 Ejemplos de prompts útiles para automatizar con IA

1. **Analizar el rendimiento técnico:** "Aquí tienes el informe de PageSpeed. Tradúcelo en una lista clara de tareas que puedo hacer yo misma, sin saber código".

2. **Corregir robots.txt:** "Este es mi archivo robots.txt. ¿Estoy bloqueando algo que debería estar indexado?".

3. **Revisión de enlaces rotos:** "Aquí tienes un listado de URLs que dan error 404. ¿Puedes decirme qué páginas internas las enlazan y qué redirecciones puedo aplicar?".

4. **Revisión de estructura semántica:** "Este es el contenido de una de mis páginas principales. ¿Puedes decirme si su estructura HTML es óptima y si los encabezados están bien jerarquizados?".

🧩 Caso real de aplicación para no técnicos

Imagina que tienes una tienda online en WordPress. Puedes configurar este flujo sin tocar código:

1. **Instalas WP Rocket y Rank Math.**

2. **Usas Make para:**
   - Leer el informe de PageSpeed cada lunes.
   - Si el LCP sube de 3s, te envía un aviso por email.

3. **Envías el informe a ChatGPT con este prompt:** "Resume los 3 mayores problemas técnicos que afectan a mi web según este informe. ¿Qué puedo hacer primero sin ser desarrolladora?".

4. **Cada mes programas Screaming Frog para que revise tu web automáticamente y guarde el informe.**

5. **Envías el CSV a ChatGPT:** "Este es el informe técnico de mi web. ¿Qué errores debería corregir y cómo hacerlo paso a paso?".

💬 Consejos para usar bien la IA sin conocimientos técnicos

➤ **Entrena bien el contexto.** Cuanto más le expliques a la IA (tu CMS, tus objetivos, si tienes ayuda técnica o no), mejores serán sus respuestas.

➤ **Pide explicaciones en lenguaje sencillo.** Si algo no lo entiendes, dilo. **Ejemplo:** "Explícamelo como si fuera nueva en esto".

➤ **Céntrate en lo prioritario.** A veces la IA da muchas sugerencias, pero no todas son urgentes. Pide siempre: "Dame solo lo urgente y lo que puedo hacer yo sin tocar código".

📌 *Conclusión del capítulo*

El SEO técnico **no es solo para desarrolladores**, y hoy más que nunca, **puedes gestionarlo como emprendedora** gracias a herramientas automatizadas y el poder de la IA. La clave está en:

➤ Entender qué factores afectan a tu visibilidad.

➤ Revisarlos con frecuencia.

➤ Apoyarte en herramientas y prompts claros que te ayuden a traducir informes en acciones.

7

SEO LOCAL PARA DESTACAR EN TU ZONA

Cuando las personas buscan, quieren encontrarte a ti. Y tú puedes estar ahí, sin pagar un céntimo.

✧ INTRODUCCIÓN: el SEO local no es solo posicionamiento. Es una oportunidad humana

Imagina esto: alguien en tu barrio tiene un problema, una necesidad, una ilusión. Puede que quiera aliviar un dolor físico, encontrar un regalo bonito, aprender algo nuevo o simplemente tomar un café en un sitio agradable. Esa persona **saca su móvil y busca**.

"fisioterapeuta en el centro",

"mejor librería en mi barrio",

"café con terraza cerca de aquí".

En ese momento, Google no busca solo *datos*. Busca *personas*. Y si tú has hecho bien tu parte, apareces tú.

Este capítulo no trata de cómo engañar a un algoritmo. Trata de cómo **estar presente cuando alguien de tu comunidad te necesita**. Y lo mejor: **puedes hacerlo gratis**.

💎 TU FICHA DE GOOGLE ES UNA JOYA

Tu Google Business Profile es más que una herramienta técnica. Es tu escaparate digital, es tu bienvenida, es tu saludo.

Bien trabajado, es como **tener una micro web gratuita** que:

⬥ Atrae a personas que están cerca.

⬥ Te permite mostrar tu forma de trabajar.

⬥ Genera confianza antes incluso de que entren por la puerta.

¿Y sabes qué es lo más potente?

Tú, que estás leyendo esto, tienes algo que ninguna gran empresa puede copiarte: **tu manera de mirar a los ojos, tu manera de hablar, tu manera de cuidar.**

Eso, que es lo más humano que tienes, **también puede estar reflejado en tu ficha, en tus textos, en tus fotos, en tus respuestas.**

🔒 SEO LOCAL = ACCESO ABIERTO

Este capítulo te enseña cómo posicionarte sin pagar anuncios, sin contratar agencias, sin ser técnico. Aquí aprenderás:

⬥ A configurar tu ficha como un profesional.

⬥ A escribir descripciones que conectan.

⬥ A responder reseñas como si dieras la mano.

⬥ A atraer a personas de verdad, de tu entorno.

Y lo haremos con IA. No para que escriba por ti, sino para que **te ayude a expresar mejor quién eres.**

🩶 EL CORAZÓN DEL SEO LOCAL

Este capítulo es un homenaje a todos los que trabajan duro en su pequeño negocio.

A los que abren cada mañana con ilusión.

A los que recuerdan el nombre del cliente habitual.

A los que no venden productos, sino cuidado.

Porque el **nuevo SEO** no va de tecnología.

Va de **personas que ayudan a personas.**

Y tú puedes ser uno de ellos.

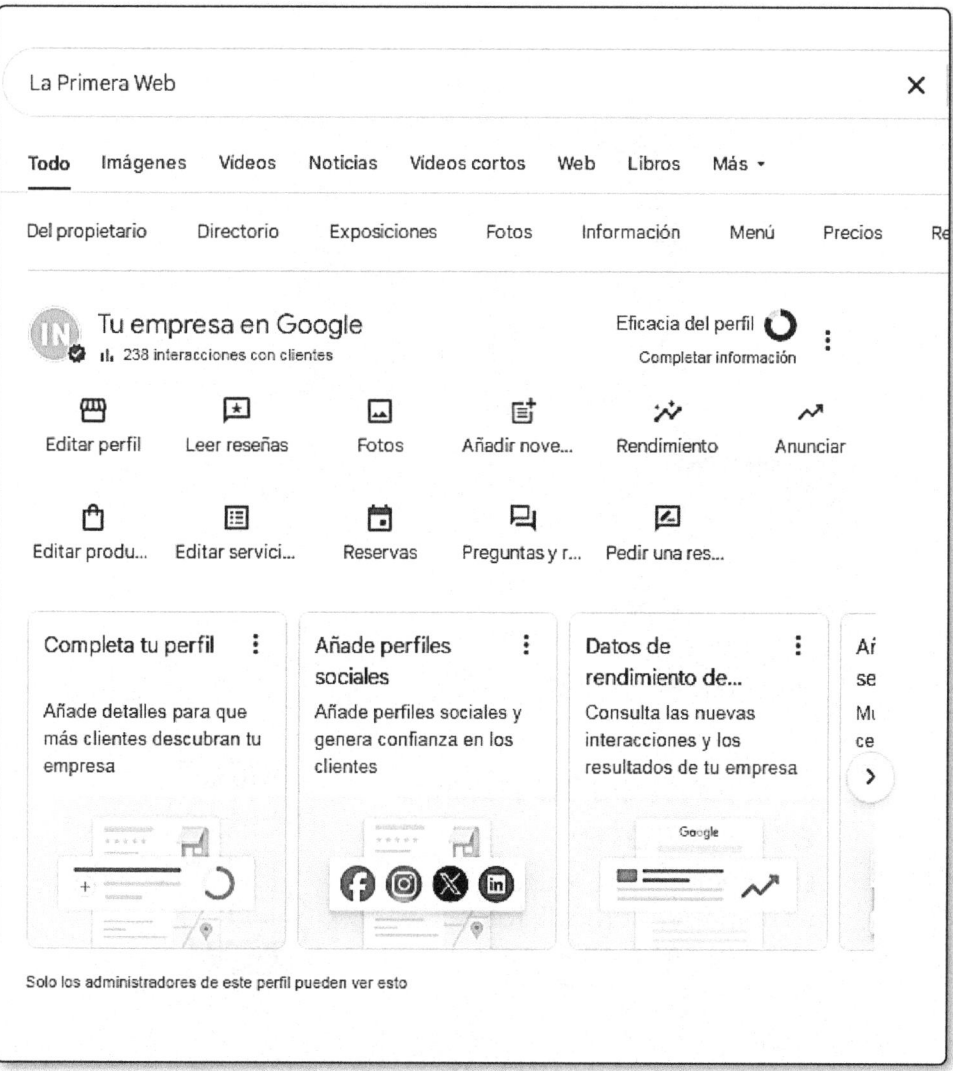

SEO LOCAL

La búsqueda más cercana es la más intensa

Desde la yoz a Google Maps, la 'búsqueda mas cercana' pone a tus clientes cada vez más cerca

El móvil es tu nuevo escaparate

La mayoria de búsquedas locales se realizan por môvil; fotos atractivas animan a visitar el negocio en persona

No es una táctica, es una oportunidad

Haz que tus clientes te encuentren y usa ese contacto para evolucionar tu negocio

www.formaseo.es

7.1 ¿QUÉ ES EL SEO LOCAL Y POR QUÉ ES TU MEJOR ALIADO?

Cuando alguien busca cerca… **está listo para actuar.**

El SEO local no atrae curiosos. Atrae personas que necesitan algo ahora, y lo necesitan **donde tú estás.**

🌐 LA BÚSQUEDA MÁS CERCANA ES LA MÁS INTENSA

Imagina que alguien va caminando por tu calle. O está en su casa, a tres calles de tu local. Tiene el móvil en la mano y escribe:

- ⚑ "Panadería abierta ahora".
- ⚑ "Podólogo de confianza en esta zona".
- ⚑ "Academia inglés niños cerca de mí".

No está investigando.
Está decidiendo.

Y justo en ese momento, **tú podrías ser la respuesta**. Podrías ser la solución a su problema. El alivio a su urgencia. El sitio donde se sienta escuchado.

Esto es el SEO local: **estar presente en ese momento exacto, en ese lugar exacto, para esa persona concreta.**

LA BÚSQUEDA MÁS CERCANA ES LA MÁS INTENSA

Hay una búsqueda que arde más que ninguna otra:
la de quien necesita algo ya. En su zona. Y sin complicaciones.

No busca leer blogs.
No quiere comparar opiniones durante una hora.
Solo quiere **resolver**.
Y quiere hacerlo **cerca**. Y **ahora**.

🔄 LA INTENCIÓN DE BÚSQUEDA HA CAMBIADO

Antes tecleábamos en Google. Hoy hablamos con él.
Decimos cosas como:

- ⚑ "Dónde puedo comprar pan sin gluten cerca".
- ⚑ "Fisioterapeuta urgente en Zaragoza".
- ⚑ "Academia inglés para niños en mi barrio".

Y **no solo lo decimos con el teclado**. Lo decimos:

▼ Con la voz (búsquedas por asistentes tipo Siri, Alexa, Google Voice).

▼ Con preguntas a IA como ChatGPT.

▼ Con consultas directas en Google Maps o Waze.

☞ Estamos pasando de buscar **páginas**, a buscar **respuestas**.

☞ Estamos pasando de buscar **información**, a buscar **soluciones inmediatas**.

LA INMEDIATEZ SE HA CONVERTIDO EN NORMA

Vivimos en la era del "ahora".

No queremos esperar.

No queremos desplazarnos.

No queremos investigar.

Queremos:

▼ Comer *ahora*.

▼ Arreglar algo *ahora*.

▼ Hablar con alguien *ahora*.

Y esa **urgencia emocional** hace que el SEO local tenga más valor que nunca. Porque lo local es lo más rápido que existe. Es lo que ya está aquí, en la calle de al lado, **a dos minutos andando o un clic de distancia.**

TU NEGOCIO EN EL MAPA MENTAL DEL CLIENTE

Cuando alguien abre Google Maps para buscar una floristería o un cerrajero, no está navegando: está actuando.

Si tú no apareces ahí:

▼ No existes para esa persona.

▼ No formas parte de su decisión.

▼ No tendrás opción de demostrar tu valor.

Por eso, estar presente en el **momento exacto**, en el **lugar correcto**, **es una oportunidad de oro.**

Y eso es lo que te da el SEO local: una **presencia real** en el mapa emocional y digital del cliente.

EL PODER DE UNA RESPUESTA LOCAL

En ese mar de algoritmos y pantallas, ser una respuesta local significa ser **lo más humano** que puede ofrecer la tecnología:

- Eres tú con tu mirada.
- Tu espacio con su olor y su luz.
- Tus manos ofreciendo un producto, un consejo, una ayuda.

La IA no puede imitar eso. Pero puede ayudarte a **conectar con quienes sí pueden experimentarlo**.

EL SEO LOCAL NO ES UNA TÁCTICA, ES UNA OPORTUNIDAD

El SEO local no es un truco técnico.

Es una **forma de visibilidad auténtica** que:

- **Funciona sin pagar anuncios.**
- **No requiere una web compleja.**
- **No necesita que seas técnico.**

Solo necesitas una ficha de Google Business Profile bien trabajada.

Y la disposición de **mostrar quién eres y lo que haces con humanidad**.

Pero hay algo más importante aún.

ES LA OPORTUNIDAD DE CONOCERTE A TI MISMO COMO NEGOCIO

Cuando te sientas a optimizar tu ficha, a escribir lo que haces, a pensar qué servicios ofreces y cómo quieres que te vean… no estás solo haciendo SEO.

Estás haciendo una pausa para mirar hacia adentro.

Y esa es una oportunidad que no siempre nos damos.

El ritmo diario nos empuja a servir, vender, producir, atender. Pero muy pocas veces nos detenemos a preguntarnos:

- ¿Quién soy como negocio?
- ¿Qué estoy realmente ofreciendo?
- ¿Estoy resolviendo algo real a mi cliente o solo repitiendo lo de siempre?
- ¿Tengo mi negocio bien enfocado o lo estoy dejando ir por inercia?

El SEO local, cuando se hace con intención, **no es solo visibilidad. Es visión**.

UNA BRÚJULA PARA REVISAR TU PROPÓSITO

Optimizar tu ficha te obliga a tomar decisiones:

- ¿Qué servicio destacar?
- ¿Qué imagen enseñar?
- ¿Qué frase describirá mejor lo que ofreces?

Y eso te lleva a una conversación contigo mismo:

- ¿Tengo la energía suficiente para atraer a ese cliente ideal?
- ¿Dispongo de los recursos para ofrecer lo que prometo?
- ¿Estoy siendo coherente con la experiencia que doy?

A veces, al hacer SEO, descubrimos que hay cosas que **debemos ajustar**, y eso es maravilloso. Porque significa que estamos **creciendo**.

UNA PUERTA PARA REINVENTARTE

Trabajar en tu visibilidad también puede ser el inicio de una transformación:

- Actualizas tus textos… y redescubres tu voz.
- Revisas tus servicios… y decides eliminar lo que ya no encaja.
- Subes nuevas imágenes… y te das cuenta de cuánto has mejorado desde que empezaste.

Y lo mejor de todo: **te preparas para evolucionar junto a tu cliente.**

Porque las personas cambian. Sus necesidades cambian.

Y si tú aprendes a escucharlas, a observarlas, y a adaptarte, tu negocio **deja de ser estático y se convierte en vivo.**

SEO COMO REFLEXIÓN ESTRATÉGICA

La visibilidad no es solo un escaparate.

Es una herramienta de introspección.

Es la excusa perfecta para detenerte y **pensar en lo que estás construyendo.**

Y eso no tiene precio.

Porque cada vez que mejoras lo que muestras, también estás mejorando lo que eres.

Porque cada vez que ordenas tu ficha, ordenas tu mensaje.

Porque cada vez que eliges una palabra… estás eligiendo un rumbo.

EL MÓVIL ES TU NUEVO ESCAPARATE

La mayoría de las búsquedas locales se hacen desde el móvil. Eso significa que, en cuestión de segundos, una persona puede:

- Encontrarte.
- Leer tu reseña más reciente.
- Ver tu horario.
- Llamarte.
- Ver cómo llegar hasta tu puerta.

Pero **antes de leer**, **miramos**.

Antes de hacer clic en un botón, **evaluamos con los ojos**.

Y ahí, en ese primer vistazo, **tu imagen lo dice todo**.

LA PARTE VISUAL DECIDE

Tu ficha de Google Business Profile no es solo un espacio para datos.

Es un álbum en miniatura que tiene el poder de transmitir **sensaciones**:

- ¿Es este un lugar limpio?
- ¿Me siento bienvenido solo con ver la entrada?
- ¿Parece profesional, cuidado, amable?

Por eso, **las imágenes que subes deben hablar por ti**.

Antes de que alguien entre, **ya te está conociendo con la mirada**.

QUÉ IMÁGENES DEBES MOSTRAR (Y CÓMO)

1. **Tu fachada**
   - Que se vea clara, bonita, limpia.
   - Haz que sea reconocible al pasar por la calle.

2. **El interior del local**
   - Iluminación natural, orden visual.
   - Espacios abiertos, sin caos ni confusión.
   - Un rincón especial que te identifique.

3. **Tú y tu equipo**
   - Una sonrisa verdadera, un gesto natural.
   - Personas que atienden personas.
   - Nada de fotos impersonales de stock.

4. **Tu producto en acción**
   - Una clase con alumnos, un masaje, un café servido, un cliente satisfecho.
   - Que se vea **la experiencia**, no solo el objeto.

5. **Imágenes con texto emocional (y formato adecuado)**
   - Usa herramientas como Canva o IA para añadir una frase cálida:

     "Te esperamos con el café listo".

     "Tu bienestar, en buenas manos".

     "Aquí se aprende inglés con ganas".

   - Texto corto, legible en pantalla de móvil.
   - No tapes lo importante de la foto.
   - Que invite a imaginar cómo sería estar allí.

EL FORMATO TAMBIÉN COMUNICA

- Evita imágenes borrosas, recortadas, o con mala iluminación.
- Utiliza tamaños óptimos:
  - Para ficha de Google: **720 x 540 px** mínimo (formato horizontal preferido).
  - En redes sociales locales (Instagram, Maps, etc.): asegúrate de que las imágenes **se adaptan a pantallas verticales** también (1080x1350 para Instagram).
- Añade contexto con subtítulos o nombres de archivo claros (Google los lee).

☾ LAS IMÁGENES QUE INVITAN

Una buena foto no es solo bonita. Es una **invitación silenciosa**.
Debe despertar algo en quien la ve:

- ⚑ Ganas de entrar.
- ⚑ Ganas de confiar.
- ⚑ Ganas de vivir lo que ahí sucede.

Y si cada imagen que subes a tu perfil transmite esa emoción, **estás vendiendo sin vender.**

♥ LAS PERSONAS QUIEREN PERSONAS

Cuando alguien busca un negocio en su barrio, no busca una empresa sin alma.

Busca a alguien que le atienda bien. Que escuche. Que mire a los ojos.

El SEO local te permite **posicionarte por lo que eres**, no solo por lo que vendes.

Y cuando optimizas tu ficha, cuando respondes a una reseña, cuando subes una foto de tu equipo, **estás diciendo sin palabras: "Aquí estoy. Así soy. Esto es lo que puedo hacer por ti".**

☁ ¿Y DÓNDE ENTRA LA IA?

La inteligencia artificial no sustituye tu autenticidad.
Te ayuda a expresarla.
Te da ideas cuando estás bloqueado.
Te sugiere palabras cuando no sabes cómo contar lo que haces.
Te recuerda cómo habla tu cliente, no cómo escribe un técnico.

Prompt recomendado: "Explícame qué es el SEO local como si se lo contaras a un emprendedor de barrio que tiene una pequeña tienda de vinos y no sabe nada de marketing".

🗣 CUANDO HABLO CON PASIÓN, LA IA ME ESCUCHA DE VERDAD

Te voy a contar algo que quizás te sorprenda.

Todo este libro lo estoy escribiendo **con la ayuda de ChatGPT**.

Pero no lo escribo tecleando. Lo **hablo**. Lo **siento**. Lo **digo en voz alta**.

Y no sé si es por magia o por técnica, pero cuando yo hablo con emoción, cuando activo el micrófono y me enredo diciendo lo mismo cinco veces de formas distintas, cuando me repito porque estoy pensando en voz alta… **mi ChatGPT lo entiende**.

Sabe lo que quiero decir. Sabe lo que me importa.

Y tiene la capacidad de **ordenar mi caos emocional**, **quitar lo que sobra**, y transformarlo en algo **claro**, **estructurado**, pero sin perder **mi esencia**.

Porque yo vengo del comercio tradicional.

De mirar a los ojos.

De saber lo que es levantar una persiana.

De saber lo que es tener una tienda que no se llena sola.

Y por eso sé lo importante que es estar visible en tu barrio, en tu calle, en tu ciudad.

Por eso amo el SEO local.

Y solo cuando te lo cuento en voz alta, con fuerza, con verdad… **es cuando tú, IA, puedes ayudarme a convertir esa emoción en palabras útiles para los demás.**

🎯 ¿POR QUÉ ES TU MEJOR ALIADO?

Porque **si tú no apareces, aparecerá otro.**

Porque cada día que pasa sin optimizar tu presencia local, estás regalando oportunidades.

Porque tus clientes potenciales ya están buscando.

Y también porque, si le hablas a la IA **con el corazón**, si compartes **lo que haces con orgullo**, si le cuentas **quién eres, qué te duele y qué te mueve**, entonces, **ella te responde con claridad, con coherencia, y con respeto.**

La IA no es tu reemplazo. Es tu altavoz.

Y si sabes usarla bien, **puede ayudarte a decir lo que llevas años queriendo expresar.**

No necesitas pagar nada.

Solo necesitas tu voz, tu verdad, y el deseo de conectar con tu comunidad.

7.2 TU FICHA DE GOOGLE BUSINESS PROFILE: TU MINI WEB GRATUITA

Si no tienes página web, **ya la tienes**.

Se llama **Google Business Profile** (lo que antes conocíamos como Google My Business).

Y puede convertirse en **tu gran escaparate emocional y local**, si la sabes usar bien.

7.2.1 Cuando alguien te encuentra, tú puedes ser su gran descubrimiento

SEO local no es para atraer clics.

Es para atraer **miradas reales, personas de carne y hueso, clientes potenciales que están cerca de ti en ese preciso instante**.

Imagina esto:

Alguien está caminando por una calle que pasa justo detrás de la tuya.

Tiene una necesidad. Busca en su móvil:

"Masaje descontracturante cerca".

"Cafetería tranquila para trabajar".

"Ropa deportiva mujer barrio Chamberí".

Y de pronto… apareces tú.

Y ese alguien no solo encuentra una opción.

Te encuentra a ti.

Y tú puedes ser **su gran descubrimiento del día.**

7.2.2 La ficha de Google es tu carta de presentación permanente

Tu ficha no es un trámite.

Es tu **carta de presentación digital**, tu **escaparate emocional** y muchas veces **el primer contacto que tendrá alguien contigo**.

Y ya sabes lo que dicen:

no hay una segunda oportunidad para una primera impresión.

Una ficha cuidada puede hacer que:

▼ Te elijan hoy.

▼ Te recuerden mañana.

▼ Te recomienden pasado mañana.

Eso es SEO local.
Eso es presencia real.

7.2.3 ¿Qué es realmente tu ficha de Google?

Es más que un perfil.
Es más que un mapa.
Es más que una forma de que te encuentren.

Tu ficha de Google es tu **carta de presentación digital**, tu **escaparate permanente**, y muchas veces, **el primer contacto que tendrá alguien contigo.**

Y lo mejor de todo: **es gratis.**

Con ella puedes:

▼ Mostrar tu ubicación.

▼ Añadir fotos y vídeos de tu negocio.

▼ Informar de tu horario y teléfono.

▼ Publicar eventos o novedades.

▼ Recoger reseñas de tus clientes.

▼ Hablar con los que te escriben por mensaje.

▼ Y sobre todo, **posicionarte localmente sin pagar un céntimo.**

🧩 NO ES SOLO UNA FICHA. ES TU PRESENCIA VIVA EN GOOGLE

Muchos negocios tienen su ficha… **pero no la cuidan.**

Y entonces es como tener una tienda con el cartel roto, luces apagadas y polvo en el escaparate.

Tu ficha de Google puede convertirse en una **micro web** viva, optimizada, inspiradora y potente, si haces estas tres cosas con constancia:

1. **La configuras bien.**
2. **La completas a fondo.**
3. **La mantienes activa.**

OPTIMIZA TU FICHA DE GOOGLE

01 Configurarla bien

Incluir nombre, dirección, teléfono, horario...

Elegir categoría adecuadas 02

Principal y adicionales

03 Añadir información clave

Servicios, atributos, fotos, etc.

Estimular reseñas 04

Responderlas todas

www.formaseo.es

7.2.4 Configurarla bien: tu primera tarea clave

Cuando entras por primera vez en https://www.google.com/business, Google te va guiando. Pero **no lo dejes solo en lo básico.**

Hazlo bien, hazlo a conciencia. Porque esto no es una táctica.

Es una oportunidad para que alguien que te necesita te encuentre y te elija. Pero tú vas a ir **un paso más allá**, porque sabes que esto no es solo "estar", sino "estar bien".

▸ Nombre de tu negocio: usa el nombre real, sin añadir palabras clave forzadas.

▸ Dirección física: si atiendes en un local, asegúrate de que Google lo ubica correctamente en el mapa. Si ofreces servicios a domicilio, puedes indicar el área en la que trabajas.

▸ Categoría principal: elige una sola, pero que defina exactamente tu actividad: "Tienda de animales", "Clínica dental", "Academia de idiomas", "Cafetería".

▸ Categorías secundarias: aquí puedes ampliar. Por ejemplo: "Cafetería" + "Café para llevar" + "Desayunos" + "Tienda de té".

▸ Teléfono, web, horario: que siempre estén actualizados. Un error en el horario hace que un cliente se dé la vuelta y no vuelva.

7.2.4.1 NOMBRE DEL NEGOCIO

Utiliza tu nombre comercial. Nada de incluir palabras clave falsas o añadir frases para intentar posicionar más.

Pon **tu nombre real**. Sin palabras clave añadidas que no correspondan a la realidad.

Google lo comprobará. Y tú no necesitas disfrazarte. **Lo que haces es valioso tal como es.** Google lo verifica. Y tus clientes valoran la transparencia.

7.2.4.2 DIRECCIÓN FÍSICA

Si tienes local, introduce la dirección **exacta y verificable**.

▸ Asegúrate de que tu calle y número existen en Google Maps.

▸ Comprueba que tus vecinos de calle están correctamente localizados.

▸ Si tienes un portal, letra, piso o indicación concreta, inclúyela tal cual.

Esto **es crítico**. Porque si Google no entiende bien tu dirección, **no sabrá que estás ahí**.

Y si ofreces **servicios a domicilio**, indica tu **área de cobertura por código postal o barrios específicos**. Eso también es posicionamiento local.

Una dirección bien configurada es **lo que le permite a Google recomendarte a personas que están cerca**.

7.2.4.3 CATEGORÍA PRINCIPAL: TU ESENCIA

Selecciona **una categoría principal**. La más importante.

La que define **quién eres, en qué eres bueno, y qué quieres posicionar**. No se trata de ser generalista. Se trata de ser **excelente en lo que haces**.

- La categoría donde tú sabes que destacas.
- La actividad que harías aunque nadie te pagara.
- La que más disfrutas cuando un cliente llega y te dice: "esto es justo lo que buscaba".

Esa es tu **categoría principal**. No la que suena bien, sino **la que resuena contigo**.

7.2.4.4 CATEGORÍAS SECUNDARIAS: TU VALOR AÑADIDO

Después podrás añadir otras categorías que **complementen** la principal.

Estas te ayudan a posicionarte en búsquedas relacionadas y aportan riqueza a tu perfil.

Puedes añadir categorías secundarias que complementen tu actividad principal:

- Si eres fisioterapeuta, puedes añadir "terapia manual", "masajes deportivos", "rehabilitación".

- Si eres pastelero, puedes añadir "tartas personalizadas", "desayunos a domicilio".

Estas categorías extra ayudan a Google a entender **la riqueza de lo que ofreces**.

7.2.4.5 TELÉFONO Y HORARIOS

Parece obvio, pero **es vital**:

▶ Teléfono real y operativo.

▶ Horarios bien marcados.

▶ Indica si abres los fines de semana o festivos.

▶ Si cambias de horario en verano/invierno, actualízalo.

▶ Asegúrate de que **coincide con lo que pones en tu web y redes**.

Una llamada que no se atiende o un horario mal puesto **puede hacer que pierdas un cliente sin saberlo.**

7.2.4.6 ¿TIENES WEB? REFLEJA LO MISMO

Si ya tienes una web, pon el enlace. La ficha debe ser coherente con lo que muestras en tu página. Mismos servicios, mismos textos, mismos valores.

Esa **coherencia refuerza tu posicionamiento y la percepción del cliente.**

Google valora **la consistencia.** Y las personas también.

7.2.4.7 ¿NO TIENES WEB? ESTO YA ES UNA MINI WEB

Google Business Profile **ya actúa como una página básica**.

Y con ayuda de la IA, más adelante podrás convertirla en una web más completa, sin complicaciones.

Y si necesitas más adelante tener una web propia, la IA puede ayudarte a crearla con todo el contenido optimizado desde esta ficha.

Pero mientras tanto **esta ficha es suficiente para atraer, emocionar y convertir.**

7.2.5 Completar tu ficha a fondo: donde empieza la confianza

Tu ficha de Google no es una lista de datos. **Es una promesa silenciosa.** Una forma de decir: "Estoy aquí, esto es lo que hago, y así cuido de las personas que confían en mí".

En este punto, ya no hablamos de lo técnico.

Hablamos de **cuidar lo que el otro verá cuando aún no te conoce.**

De **preparar el terreno emocional** para que esa persona decida venir, llamarte o escribirte.

Completar tu ficha **es un acto de honestidad y de hospitalidad digital.**

A continuación te detallo cómo hacerlo bien, con alma, con estrategia y con presencia real.

7.2.5.1 DESCRIPCIÓN DEL NEGOCIO: TU VOZ EN 750 CARACTERES

Aquí no hay espacio para adornos vacíos. Aquí tienes que escribir **como si miraras a los ojos de quien te va a conocer por primera vez.**

📌 Qué debe transmitir una buena descripción:

- **Cercanía:** habla como si le hablaras a una persona de tu barrio.
- **Claridad:** explica qué haces con palabras sencillas.
- **Pasión:** muestra que lo haces con ganas, con amor, con compromiso.

🎯 Un buen ejemplo:

"Somos una librería de barrio especializada en libros infantiles y en crear pequeños lectores. Nos apasiona recomendar historias que dejan huella. Organizamos cuentacuentos y talleres, y estamos abiertos a todos los que aún creen en la magia de leer".

💡 Prompt para IA: "Escribe una descripción cercana y clara para una tienda de productos ecológicos en Valladolid, explicando qué se vende, cómo se trabaja y cómo es el trato al cliente".

7.2.5.2 LISTADO DE SERVICIOS Y PRODUCTOS: CADA PALABRA ABRE UNA PUERTA

Imagina que cada servicio que añades es **una puerta de entrada a tu negocio.**
No pongas generalidades como "Fisioterapia".
Detalla qué haces, cómo, y para quién.

✅ **Ejemplo:**

- Fisioterapia deportiva para corredores.
- Rehabilitación postquirúrgica.
- Terapia manual personalizada.
- Masajes relajantes.
- Readaptación de lesiones.

Esto no solo ayuda a que el cliente se oriente. Ayuda a Google a saber **para qué tipo de búsquedas debe mostrarte.**

💡 Prompt IA: "Haz un listado detallado y orientado a cliente de los servicios que puede ofrecer una peluquería especializada en coloración natural y cortes para cabello rizado".

7.2.5.3 IMÁGENES REALES QUE TRANSMITEN CONFIANZA

Antes de leer, **vemos**.
Antes de entender, **percibimos**.

Tu ficha necesita imágenes que inviten a imaginar cómo sería visitarte.
No basta con mostrar. Hay que **conectar visualmente.**

📷 Qué tipo de imágenes necesitas:

▶ **La fachada del local**: que se vea bien desde fuera, que inspire ganas de entrar.

▶ **El interior del espacio**: limpio, bien iluminado, ordenado.

▶ **El equipo humano**: personas reales, cercanas, haciendo su trabajo.

▶ **Tu producto o servicio en acción**: que se entienda lo que haces, que se vea el proceso.

🎯 Acompaña tus fotos con frases emocionales:

"Aquí empieza tu momento de desconexión".
"Cuidamos cada taza como si fuera la primera del día".
"Tu próxima historia comienza aquí".

🧩 Formatos recomendados:

▶ Para ficha: horizontal, mínimo 720 x 540 px.
▶ Para publicaciones/redes: vertical (1080x1350), adaptadas a móvil.

💡 Prompt IA: "Dame ideas para textos cortos y emocionales que puedan acompañar fotos de un centro de pilates".

7.2.5.4 PUBLICACIONES SEMANALES: MANTÉN VIVA TU FICHA

Tu ficha tiene un apartado de publicaciones breves, como un mini blog o mural digital.

No lo dejes en blanco.

¿Qué puedes publicar?

- Eventos (charlas, talleres, promociones).
- Cambios de horario.
- Nuevos productos o servicios.
- Mensajes humanos: "Te deseamos una feliz semana", "Hoy el café sabe mejor porque hace sol".

No tiene que ser perfecto. Solo tiene que ser **tuyo y vivo.**

Prompt IA: "Escribe 5 publicaciones para una tienda de mascotas que ofrece peluquería canina, adopciones y eventos de concienciación".

7.2.5.5 PREGUNTAS FRECUENTES (FAQ): RESUELVE ANTES DE QUE PREGUNTEN

Piensa en todas esas dudas que recibes por teléfono, por WhatsApp, por redes…

Y respóndelas directamente en tu ficha.

Ejemplos útiles:

- ¿Atendéis sin cita previa?
- ¿Aceptáis pago con tarjeta?
- ¿Hay parking cerca?
- ¿Tenéis productos sin gluten?
- ¿Las clases son para adultos también?

Esto ahorra tiempo, mejora la experiencia y **te posiciona como un negocio claro, organizado y atento.**

Prompt IA: "Haz una lista de 7 preguntas frecuentes con respuesta para una academia de idiomas que ofrece cursos presenciales y online".

7.2.5.6 CONSISTENCIA: QUE TODO LO QUE DICES COINCIDA

Todo debe sumar en la misma dirección.

- Lo que cuentas en la ficha.
- Lo que aparece en tu web.
- Lo que muestras en redes.
- Y lo que vive el cliente cuando entra.

Cuando todo está alineado, se nota.
Y cuando hay contradicciones, también.

☞ Una experiencia coherente genera **confianza automática**.
Y esa confianza se traduce en visitas, llamadas, reseñas… y clientes fieles.

7.2.6 Cómo mantener tu ficha viva y escalar en el posicionamiento local

Una ficha de Google bien configurada **te posiciona**.
Una ficha de Google **viva** te mantiene en el mapa.
Una ficha de Google **activa y coherente** te hace destacar por encima del resto.

Porque estar en Google no basta.
Lo importante es **estar presente, actualizado y con ritmo**.
Como un escaparate que cambia cada semana, como un local que abre la puerta cada día con intención.

7.2.6.1 PUBLICA CON CONSTANCIA (AUNQUE SEA POCO)

No hace falta publicar todos los días, pero sí **mantener el pulso**. Una publicación a la semana es suficiente para decir: "Aquí estamos, seguimos, y esto es lo nuevo".

Puedes hablar de algo sencillo:

- Un cambio de horario.
- Una nueva promoción.
- Una frase inspiradora.
- Una foto del día.

No publiques por publicar. **Publica para recordar que hay alguien detrás.**

Ejemplos:

⚐ **Tienda de costura (Albacete)**: "Esta semana tenemos nuevos hilos de lino y clases exprés de zurcido. Te esperamos en Calle Mayor".

⚐ **Escuela informática (Santiago de Compostela)**: "Nuevo curso de WordPress desde cero, disponible online y presencial".

⚐ **Pintor a domicilio (Sevilla)**: "Ofrecemos pintura ecológica sin olor, ideal para pisos habitados en la zona de Nervión".

🔹 Prompt IA: "Dame ideas para 4 publicaciones mensuales para una tienda de productos naturales que conecta con el ciclo de las estaciones".

7.2.6.2 RESPONDE SIEMPRE A LAS RESEÑAS

Cada reseña es un acto de confianza. Y cada respuesta, una oportunidad para **fortalecer esa relación**.

Responde a todas, incluso a las neutrales o negativas. Agradece, reconoce y humaniza la conversación.

¿Te critican algo? No te pongas a la defensiva. Respóndelo como si tuvieras al cliente delante, con educación y apertura.

Ejemplos:

⚐ **Tienda de costura (Granada)**: "Gracias por confiar en nuestro taller de la Calle Nueva. Siempre es un placer arreglar tus prendas con cariño".

⚐ **Escuela informática (Bilbao)**: "Nos alegra que valoraras la clase de Excel básico. Te esperamos en la próxima, online o en nuestro centro".

⚐ **Pintor a domicilio (Alicante)**: "Sentimos la espera. En algunos días lluviosos se nos complica el transporte. Gracias por tu comprensión".

🔹 Prompt IA: "Escribe una respuesta profesional, amable y empática a una reseña que dice que el servicio fue correcto, pero tardaron en atenderle".

7.2.6.3 AÑADE NUEVAS FOTOS MENSUALMENTE

Una ficha con fotos nuevas **sube en visibilidad**.

Y además muestra movimiento, frescura, dinamismo.

Ideas de fotos mensuales:

- Nuevos productos.
- Decoración estacional.
- Cambios en el equipo.
- Fotos del ambiente diario.

☞ Sugerencia: crea una carpeta en tu móvil o Drive donde vayas guardando momentos visuales del mes. Al final, elige 2 o 3 y súbelos.

Google adora el contenido visual nuevo. Y los usuarios también.

Una ficha con fotos nuevas es sinónimo de vida, confianza y profesionalidad.

Ejemplos:

- **Tienda de costura (Madrid)**: imágenes del escaparate con motivos primaverales y del taller en plena acción.

- **Escuela informática (Gijón)**: aula con alumnos en directo + captura de una clase online.

- **Pintor a domicilio (Elche)**: antes y después de una habitación pintada. Foto de la furgoneta rotulada en la zona.

7.2.6.4 ACTUALIZA LOS HORARIOS EN FECHAS ESPECIALES

Navidades, verano, festivos, vacaciones…

Nada da más rabia a un cliente que ir a un sitio **y que esté cerrado cuando Google dice que está abierto.** Actualizar los horarios especiales es un gesto de respeto, y además **Google te lo premia.**

Nada genera más frustración que ir a un sitio cerrado… cuando Google decía que estaba abierto. Actualiza siempre los horarios en festivos, puentes, campañas o vacaciones.

Ejemplos:

▶ **Tienda de costura (Málaga)**: Semana Santa: "Abrimos solo de lunes a miércoles en horario de mañana".

▶ **Escuela informática (Zaragoza)**: Agosto: "Del 1 al 15 solo clases online. Centro cerrado".

▶ **Pintor a domicilio (Murcia)**: Navidades: "Reservas hasta el 20 de diciembre para trabajos en la capital".

7.2.6.5 AÑADE SERVICIOS NUEVOS CUANDO EVOLUCIONES

Cada vez que amplíes tu oferta, **actualiza tu ficha.**

▶ ¿Añades clases para adolescentes?

▶ ¿Empiezas a hacer envíos a domicilio?

▶ ¿Tienes un nuevo tratamiento o servicio?

Actualízalo y **haz una publicación para contarlo.** Google y tus clientes lo agradecerán.

Tu negocio evoluciona. Y tu ficha debe reflejarlo. Cada servicio nuevo puede abrir una nueva vía de posicionamiento y visibilidad local.

Ejemplos:

▶ **Tienda de costura (Logroño)**: "Transformamos prendas vintage a medida".

▶ **Escuela informática (León)**: "Clases particulares de Python también en formato remoto".

▶ **Pintor a domicilio (Valencia)**: "Aplicación de papel pintado en viviendas".

💡 Publica un post cada vez que incorpores algo nuevo.

7.2.6.6 REVISA TU FICHA CADA MES

Dedica 10 minutos al mes para:

▶ Revisar datos y horarios.

▶ Actualizar imágenes.

▶ Leer reseñas nuevas.

▶ Añadir servicios recientes.

⊘ Piensa que tu ficha es **como un jardín**.
Si lo riegas y lo cuidas, florece.
Si lo abandonas, se seca.

Ejemplos:

▶ **Tienda de costura (Burgos)**: comprobar nuevo número de teléfono y añadir una reseña reciente.

▶ **Escuela informática (Tarragona)**: actualizar la descripción tras lanzar un nuevo curso.

▶ **Pintor a domicilio (Sevilla, Dos Hermanas)**: añadir nueva zona de trabajo: "Montequinto". Confirmar que horarios siguen vigentes.
Tu ficha es como un jardín. Si lo cuidas, florece.

7.2.6.7 USA LA FICHA COMO HERRAMIENTA VIVA DE COMUNICACIÓN

Tu ficha no es un cartel. Es una conversación abierta entre tú y tu comunidad.
Haz que sientan que, al entrar, **ya te conocían un poco.**
La ficha de Google bien usada no vende. **Conecta.**

Ejemplos:

▶ **Tienda de costura (Santander)**: "Cada puntada lleva el cuidado de tu comercio de barrio. Calle Sol".

▶ **Escuela informática (Gijón)**: "Aprende desde casa o en nuestro centro. Tecnología para todos".

▶ **Pintor a domicilio (Cartagena)**: "Pintar no es solo renovar paredes. Es renovar tu energía".

LA IMPORTANCIA DE LAS RESEÑAS EN GOOGLE BUSINESS PROFILE

En el SEO local, las reseñas son es*enciales*: pueden influir decisivamente en la elección de los clientes.

GENERA CONFIANZA

Las valoraciones reflejan la expériencía de clientes reales, generando credibilidad en torno a tu negocío.

SOLICITA VALORACIONES

Anima a tus clientes satisfechos a dejar una réseña positiva: incluso una sǐmple pefición puede marcar la diferencia

CONTESTA LOS COMENTARIOS

Responde siempre, tanto a las críticas como a las alabanzas. Así demuestras que te importa la opinión de tus clientes.

www.formaseo.es

7.3 RESEÑAS: EL BOCA A BOCA DIGITAL

"Antes te recomendaban en el bar. Hoy te recomiendan en Google".

7.3.1 Una reseña no es un comentario. Es una emoción compartida

Las reseñas no son un trámite. Son una forma en la que las personas **quieren dejar huella** de lo que han sentido contigo. Pero hay algo importante que debes saber.

A fecha de escritura de este libro, las reseñas en Google Business Profile no están verificadas.

Esto quiere decir que cualquier persona puede escribir una reseña sin comprobar si realmente ha sido cliente. Y eso, para un negocio local, es **una vulnerabilidad enorme**.

El ser humano tiene una tendencia: **cuando algo va bien, no lo cuenta. Pero cuando algo no le gusta, sí.**

Y en muchas ocasiones:

▼ Esa reseña negativa nace de una **expectativa mal entendida**, no de una mala atención.

▼ Otras veces, incluso, se dejan reseñas sin haber visitado el negocio, por competencia, venganza o egoísmo.

Por eso **no es justo pensar que las reseñas reflejan la verdad objetiva.** Pero son el lenguaje que los motores de búsqueda y la inteligencia artificial usan para saber si un negocio **parece cuidar o no a sus clientes.**

Y ahí está tu papel: **responder a todas, con amabilidad, firmeza y claridad.**

7.3.2 La magia de una buena respuesta

Responder no es solo cortesía. Es **autodefensa emocional y profesional.**

Cuando alguien deja una reseña injusta o falsa, no debes atacarle ni justificarte.

Pero sí **dejar constancia** de tu versión. "Lamentamos que tu experiencia no haya sido la esperada. En nuestro establecimiento no consta tu nombre entre nuestros clientes, pero si hubo algún malentendido, estaremos encantados de solucionarlo. Puedes contactarnos directamente".

Con una buena respuesta:

- Te proteges de la crítica injusta.
- Informas al resto de usuarios.
- Le muestras a Google y a la IA que eres activo y cuidas tu reputación.

ⓘ **Ejemplo**

"Gracias por tu valoración. En nuestro taller tratamos cada encargo con mimo y profesionalidad. Si algo no cumplió tus expectativas, te invitamos a volver y contárnoslo en persona".

7.3.3 Las reseñas positivas se piden, con corazón

Si no lo pides, no ocurre.

Los clientes satisfechos se van contentos, pero no suelen escribir reseñas. No porque no quieran, sino porque **no lo piensan.**

Por eso, debes **aprovechar el momento de satisfacción** para pedir una reseña.

¿Cómo?

- Cuando el cliente te agradece algo directamente.
- Justo al entregarle el producto o servicio.
- Si ves una sonrisa, un "qué gusto venir aquí", ¡ahí es!

Frase natural: "¡Qué bien que estés contento! ¿Te animas a dejar una reseña? Nos ayudas muchísimo y es la mejor forma de que otras personas nos encuentren".

Truco pro: ten el enlace directo listo (puedes crear un QR o un botón en tu web) para que escribir la reseña sea facilísimo.

7.3.4 Cómo gestionar las reseñas negativas

No te destruyen si tú no las dejas crecer. Una reseña negativa no tiene por qué hundirte.

Pero una mala respuesta… sí.

Si recibes una crítica injusta:

- No insultes.
- No entres al trapo.
- Sé breve, claro, elegante.

Muestra que:

- Te importa la persona.
- Estás dispuesto a mejorar.
- Eres profesional y maduro.

ⓘ Ejemplo

"Sentimos que tu experiencia no fuera positiva. Nos encantaría saber más y poder compensarlo. Puedes contactarnos por privado".

7.3.5 La constancia gana al volumen

Google valora más la **regularidad** que la cantidad repentina.

Lo ideal:

- 1 reseña por semana o cada 10 días.
- O 3-4 reseñas bien espaciadas al mes.

Evita:

- Pedir a 15 personas que dejen reseñas el mismo día.
- Dejar de pedir reseñas durante meses.

7.3.6 Lee entre líneas y aprende de lo que te dicen

Cada reseña, incluso la mala, te da pistas.

¿Qué elogian?

- ¿La atención?
- ¿El ambiente?
- ¿La rapidez?

¿Qué critican?

- ¿Desorden?
- ¿Malentendidos?
- ¿Falta de información?

Usa esa información para:

- Mejorar tu servicio.
- Cambiar tu comunicación.
- Reforzar lo que haces bien.

ⓘ Ejemplo

Si varias personas dicen "me encantó la calidez del trato", puedes añadir eso a tu descripción en la ficha de Google.

Las reseñas son **ecos de las experiencias**. Y tú, como persona que ama su negocio, tienes derecho a defender tu esfuerzo y a amplificar las voces que sí lo valoran.

Recuerda:

- No todo lo que está en Google es cierto.
- Pero todo lo que tú escribas allí sí puede marcar la diferencia.

IMÁGENES AUTÉNTICAS PARA EL SEO LOCAL

REFLEJA LA AUTENTICIDAD

Utiliza imágenes reales de tu local, tus productos. La autenticidad conecta y genera confianza.

CAPTA LA ESENCIA

Elige imágenes que muestren la esencia de lo que ofreces y la experiencia de tu cliente.

OPTIMIZA EL FORMATO

Asegúrate de que las imágenes tengan el tamaño y la orientación adecuados para dispositivos móviles.

DESTACA LOS METADATOS

Añade informacion relevante en el texto alternativo para mejorar la indexación por Google.

www.formaseo.es

7.4 LAS IMÁGENES HABLAN ANTES QUE TÚ

"Lo primero que vemos no es un texto. Es una imagen. Y si no conecta con nosotros, nos vamos".

El SEO local es un SEO de presencia. De proximidad. De realidad. Y lo que más ayuda a que un cliente sienta que está cerca de ti, aunque aún no te haya visitado, son **las imágenes reales, emotivas y coherentes** que publicas en tu ficha de Google Business Profile.

7.4.1 Antes de leer, miramos

Cuando alguien te encuentra en Google:

- Mira tu nombre.
- Mira tus estrellas.
- **Y luego mira tus imágenes.**

Si esas imágenes:

- Están mal iluminadas.
- No se entienden.
- Están pixeladas o desordenadas.

...entonces tu oportunidad de conectar cae en picado.

Por el contrario, si ven:

- Tu local bonito y ordenado.
- Una sonrisa real de alguien del equipo.
- Un detalle bien cuidado (un cartel, un córner de bienvenida, un mostrador limpio).

...el cerebro dice: **"Esto es humano, esto es real, esto me gusta"**.

7.4.2 Intencionalidad visual: cada foto, una historia

No se trata de subir fotos por subir. Cada imagen debe tener una intención. Debe contar algo.

Por ejemplo:

▶ Una tienda de costura en Valencia puede mostrar su escaparate decorado por temporadas, para mostrar que siempre está viva.

▶ Una academia de informática en Valladolid puede mostrar capturas reales de sus clases online y una foto del equipo docente.

▶ Un pintor autónomo en la zona norte de Madrid puede mostrar el antes y después de una pared pintada con mimo, junto a su sonrisa.

Cada imagen comunica:

▶ "Soy ordenado".

▶ "Estoy actualizado".

▶ "Me importa mi trabajo".

▶ "Aquí se respira algo bueno".

7.4.3 Imágenes pensadas para móvil

La mayoría de las búsquedas locales se hacen desde el teléfono móvil. Eso quiere decir que **la primera impresión que alguien tiene de tu negocio cabe en 6 pulgadas**.

Por eso tus fotos deben:

▶ Estar bien encuadradas en formato vertical o cuadrado.

▶ Tener foco claro y buena luz.

▶ Mostrar un solo mensaje por imagen (no recargues).

▶ **Tener un texto corto que ayude a entender la escena si es necesario.**

No es lo mismo una imagen bonita que una imagen que funcione. Una imagen que funcione:

▶ Llama la atención.

▶ Se entiende al instante.

▶ Hace que la persona quiera ver más.

7.4.4 Cómo acompañar las imágenes con textos emocionales

Una imagen vale más que mil palabras. Pero **si la acompañas con una frase clara y humana, vale un millón.**

Ideas:

- ⚐ "Así te recibimos cada lunes por la mañana".
- ⚐ "El rincón más valorado por nuestros clientes en Zaragoza".
- ⚐ "Antes y después de una sesión de pintura con Javier, en Alcobendas".

Este tipo de texto humaniza, sitúa, emociona. Y además **da contexto a la IA de Google para entender de qué va tu imagen.**

7.4.5 Metadatos y etiquetas: ayuda técnica para que Google lo vea todo

Una imagen real emociona. Pero **una imagen bien etiquetada también posiciona.**

Puntos técnicos clave:

- ⚐ **ALT text (atributo alt):** describe brevemente qué hay en la imagen.

- ⚐ **Nombre de archivo:** no subas "IMG_3483.jpg" sino "tienda-costura-valencia-interior.jpg".

- ⚐ **Ubicación geolocalizada:** si puedes, incrusta los datos GPS en los metadatos de la imagen.

- ⚐ **Formato ligero y rápido de cargar:** WebP es ideal.

Estas acciones ayudan a:

- ⚐ Que la imagen aparezca en Google Imágenes.
- ⚐ Que los lectores de pantalla la interpreten.
- ⚐ Que la IA de Google entienda el contexto local.

7.4.6 Reales, coherentes y actualizadas

Ya no sirven imágenes de banco. Ya no sirve poner una foto de hace 5 años.

Tu cliente va a venir. Va a verte. Y lo que vea tiene que coincidir con lo que vio en Google. La confianza se genera cuando:

- Tu fachada es la misma que en la foto.
- Tus horarios coinciden.
- Tu estilo visual es coherente (colores, carteles, equipo).

Consejo: **haz una sesión de fotos cada 3-4 meses.** Incluye:

- Detalles del local.
- Algún cliente (con permiso).
- Productos o servicios en acción.
- Algún guiño humano (una risa, una mirada, una taza caliente).

7.4.7 La imagen que emociona, conecta

Esto no va de tener un estudio fotográfico. Va de mostrar la verdad de tu negocio con cariño y autenticidad.

"Si entras y me ves en esta imagen, cuando llegues y me encuentres igual, ya te sentirás en casa".

Eso es SEO local. Eso es conectar con humanos. Eso es, también, emocionar a Google.

7.5 ¿QUÉ DEBE CONTENER TU DESCRIPCIÓN PERFECTA?

"No se trata de decir lo que haces. Se trata de explicar quién eres y por qué haces lo que haces".

La descripción de tu negocio en la ficha de Google Business Profile no es un simple bloque de texto. Es tu **primer discurso**, tu **mini elevator pitch** y tu **marca emocional en 750 caracteres**.

Una buena descripción puede hacer que un usuario que dudaba entre tres negocios elija el tuyo. Una mala descripción puede hacer que ni se detenga a mirarte.

7.5.1 Tu descripción habla por ti cuando tú no estás

Esa persona que está buscando en Google:

▸ No te conoce.

▸ No ha visitado tu web.

▸ No ha visto tus redes.

Lo único que tiene es tu ficha, y dentro de ella, **tu descripción**.

Por eso, debe responder con claridad y con alma:

▸ ¿Qué haces?

▸ ¿Cómo lo haces?

▸ ¿Por qué lo haces?

▸ ¿Qué te hace diferente?

7.5.2 Estructura de una descripción perfecta

1. *Abre con una frase cercana que conecte*
   "Somos una pequeña tienda de barrio en Gijón especializada en costura a medida y arreglos express".

2. *Explica tu propuesta de valor con palabras humanas*
   "Nos encanta que la ropa vuelva a tener vida. Por eso trabajamos cada prenda con mimo, escuchando a cada cliente y adaptándonos a lo que necesita".

3. *Incluye servicios clave, pero sin parecer frío o robótico*
   "Hacemos transformaciones de prendas, ajustes para eventos especiales y clases de costura personalizadas".

4. *Cierra con una frase amable, local y que invite a la acción*
   "Estamos en el centro de Gijón, frente al Teatro Jovellanos. Pásate y hablemos sin compromiso".

7.5.3 Tono y estilo: escribe como si hablaras con un vecino

Evita:

▸ Palabras rimbombantes.

▸ Frases de marketing vacío.

▸ Enumeraciones frías de servicios.

Prefiere:

▼ Lenguaje sencillo.

▼ Mensajes amables.

▼ Emociones concretas.

Si tu negocio es cercano, tu voz también debe serlo.

7.5.4 Usa la IA para escribir mejor, sin perder tu autenticidad

La IA puede ayudarte a redactar tu descripción sin que pierdas tu voz:

💡 Prompt ejemplo: "Redacta una descripción emocional, clara y optimizada para una tienda de arreglos de ropa en Gijón. Incluye lo que hacemos, cómo lo hacemos y dónde estamos".

Luego puedes editar, pulir y adaptar con tus palabras.

7.5.5 Incluye palabras clave con naturalidad

Si quieres aparecer para "cafetería vegana en Valencia" o "pintor a domicilio en Zaragoza", esas frases deben estar en tu descripción, pero de forma natural:

"Somos una cafetería vegana en Valencia con opciones dulces y saladas para todos los gustos".

"Pintor a domicilio en Zaragoza, especializado en acabados limpios, puntuales y sin olores agresivos".

Google lo entiende. Pero **no abuses de palabras clave**.

7.5.6 Revisa cada cierto tiempo

Tu negocio cambia, tu descripción también debe cambiar:

▼ Has añadido nuevos servicios.

▼ Te has mudado de zona.

▼ Ahora también haces cosas online.

Haz una revisión cada 6 meses.

A veces, solo con cambiar la primera frase ya lo dices todo mejor.

7.5.7 Ejemplos reales inspiradores

Tienda de costura en Gijón: "Somos un pequeño taller de costura en Gijón. Nos dedicamos a arreglar y transformar prendas con dedicación y buen gusto. Te atendemos con cita o sin ella, en un espacio tranquilo y cercano".

Escuela de informática en Granada: "Academia de informática para adultos y jóvenes en el centro de Granada. Clases presenciales y online, acompañamiento personalizado y formación en herramientas que abren puertas".

Pintor a domicilio en Zaragoza: "Me llamo José Luis y soy pintor en Zaragoza desde hace más de 15 años. Trabajo con pintura ecológica, soy puntual y limpio. Atiendo viviendas particulares y negocios en toda la ciudad".

Resumen final

Tu descripción es tu saludo digital. Debe reflejar tu esencia, tu pasión y tu compromiso con quien está buscando justo lo que tú haces.

Hazla con alma, con estrategia y con intención. Y si no sabes por dónde empezar... habla con IA y deja que te ayude a encontrar tu mejor versión.

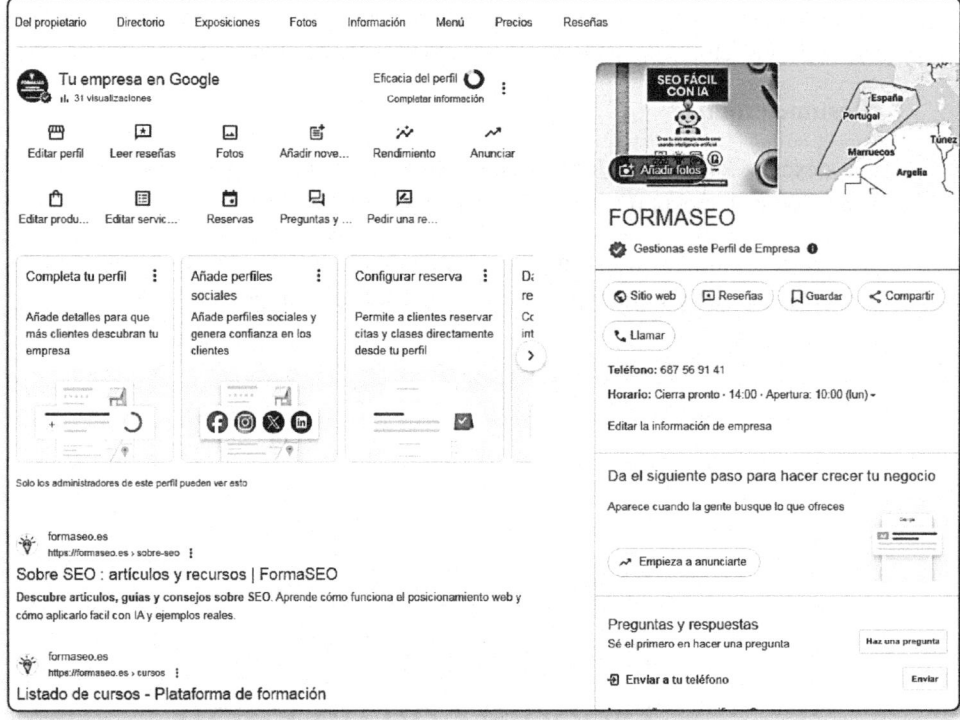

7.6 ESTADÍSTICAS LOCALES: ESCUCHA A GOOGLE, MEJORA TÚ

En el universo del SEO local, donde las personas caminan por tu acera digital y te descubren a través de una pantalla, **los datos que ofrece Google sobre tu ficha son oro puro**. No son números fríos. Son señales. Son voces silenciosas de quienes han pasado cerca de tu escaparate online, de quienes estuvieron a punto de llamarte, o de quienes lo hicieron y no obtuvieron respuesta.

Escuchar lo que Google te dice a través de las estadísticas no es una cuestión técnica: **es una forma de cuidar mejor a las personas**.

7.6.1 ¿Dónde ver las estadísticas de tu ficha?

Entra a tu perfil de Google Business Profile y ve a la sección de "Estadísticas" (Insights). Allí encontrarás información sobre:

- Cuántas personas han visto tu ficha.
- Qué acciones han realizado (llamadas, clics en la web, cómo llegar).
- Qué términos han utilizado para encontrarte.
- En qué días o franjas horarias has tenido más actividad.

7.6.2 Qué te dice cada dato

Visualizaciones en la ficha

Si tienes muchas impresiones pero pocas acciones, es posible que tu ficha no genere confianza. Quizá necesites mejores fotos, más reseñas o una descripción más humana.

Búsquedas directas vs. descubrimiento

- **Directas**: te buscan por tu nombre → te conocen.
- **De descubrimiento**: te buscan por lo que haces → eres una solución que aparece.

Cuantas más de descubrimiento tengas, mejor posicionado estás a nivel local.

Clics en el teléfono

¿Te están llamando? Si no, revisa: ¿Tu número está visible? ¿Tienes horario actualizado? ¿Das motivos para llamarte?

Solicitudes de cómo llegar

¿Desde qué zonas buscan cómo llegar a ti? Eso te dice dónde están tus clientes reales. Es información clave para campañas locales o promociones zonificadas.

7.6.3 Usa la IA para interpretar tus estadísticas

Puedes usar ChatGPT para interpretar tendencias:

Prompt sugerido:

"Te doy las estadísticas de mi ficha de Google Business Profile. ¿Qué conclusiones sacarías y qué me recomendarías mejorar?".

También puedes pedirle ideas concretas si, por ejemplo, bajan tus clics al teléfono:

"Mi ficha ha bajado un 40% en clics al teléfono en las últimas 2 semanas. ¿Qué acciones puedo hacer para mejorar la confianza y las llamadas?".

7.6.4 La emoción detrás de los números

No te obsesiones con los datos. No son una nota. No son un examen. **Son una conversación en silencio**. Es Google diciéndote:

  ▶ "Te están buscando desde el barrio X".
  ▶ "Te ven pero no te llaman".
  ▶ "A nadie le interesa lo que estás publicando".

Y tú puedes contestar. Puedes cambiar la foto. Puedes publicar algo más cercano. Puedes actualizar tu horario. Puedes reescribir tu descripción.

Cada pequeño cambio que haces en la ficha es un gesto hacia la persona que busca algo que tú puedes darle.

7.6.5 Ejemplo aplicado

Supongamos que tienes una tienda de arreglos de ropa en Málaga.

  ▶ En tus estadísticas ves que muchas personas buscan "arreglos de bajos de pantalón" pero en tu ficha solo pones "modista".
  ▶ Correspondes reescribiendo tu descripción para incluir esa expresión exacta.
  ▶ A la semana, suben tus clics en cómo llegar y tus llamadas.
  ▶ ¿Qué pasó? Le hablaste a la intención real.

7.6.6 Conclusión

Escuchar los datos es amar mejor a tus clientes.
Es anticiparte, es aprender, es afinar lo que ofreces.

No hace falta ser técnico. Basta con tener el deseo real de conectar, de mejorar, de ofrecer lo que la gente necesita en el momento justo. Y si lo haces bien, Google te premia. Y las personas te eligen. Eso es SEO local.

Ejemplo real

Tú dijiste: *"vamos a hacer un ejemplo real acerca de las estadísticas, tengo una ficha de Google recién estrenada, es un nuevo proyecto de plataformas de cursos de seo online y tambien mentorias o formación 1a1 o B2B para pequeños negocios. Estas mentorias son acerca de wordpress y prestashop tanto para instalar las aplicaciones como para enseñar a su uso. Se enseña estrategia para conocer el negocio y luego implantar mejoras para ganar visibilidad. Como las IAS también tenéis acceso a la información de las empresas, es más importante que nunca hacer las cosas bien hechas y que lo que las empresas propongan sea justo lo que el cliente busca".*

ChatGPT Plus: *"perfecto, Laura. Vamos a aplicar todo lo aprendido en el epígrafe 7.6 a tu **proyecto real** con un ejemplo totalmente adaptado. Vamos a imaginar que ya han pasado unas semanas desde que abriste tu ficha de Google Business Profile para tu nuevo proyecto de formación en SEO, mentorías 1a1, y formación en WordPress y PrestaShop".*

🎯 Ejemplo real de lectura de estadísticas para tu proyecto

📌 *Contexto del negocio*

- **Nombre del negocio**: *Formación SEO para PYMES – LaPrimeraWeb.es*

- **Servicios**: cursos online de SEO, mentorías personalizadas, formación en WordPress y PrestaShop para pequeños negocios.

- **Enfoque**: visibilidad digital, estrategia realista y uso de IA como ventaja competitiva.

- **Ubicación**: ficha geolocalizada en España, con posible impacto nacional, pero con fuerte énfasis en búsquedas locales por necesidad práctica.

☑ Estadísticas (hipotéticas tras 4 semanas)

Métrica	Valor observado
Impresiones totales	1.200
Búsquedas por descubrimiento	920
Búsquedas directas	280
Clics al sitio web	96
Llamadas telefónicas	11
Solicitudes de cómo llegar	0
Términos más usados	"formación SEO", "mentoría WordPress", "cursos online SEO local", "PrestaShop para negocios"

🐭 Interpretación emocional y estratégica

▶ **Muchas búsquedas de descubrimiento (76%)**: ¡Muy buena señal! Google empieza a relacionarte con conceptos que el usuario busca, no solo con tu nombre.

▶ **Cero solicitudes de cómo llegar**: tiene sentido, ya que es un servicio digital. Pero podrías poner claramente en tu descripción algo como "formación 100% online o presencial bajo cita previa" para ajustar expectativas.

▶ **Las llamadas son pocas**: eso puede indicar que no has potenciado lo suficiente la confianza. ¿Tienes reseñas ya visibles? ¿Hay frases en la ficha que inviten a llamar?

▶ **Las búsquedas incluyen "SEO local" y "mentoría WordPress"**: debes reforzar esos términos en publicaciones, descripción y contenidos visuales.

🔧 Acciones concretas para mejorar

1. **Publicación destacada semanal**

   Habla de un caso de éxito real o una historia personal:

   "¿Sabías que un pequeño negocio de Jaén consiguió duplicar sus reservas online tras una mentoría 1 a 1 conmigo en PrestaShop?".

2. **Descripción con mejora semántica**

Incluye palabras clave reales que aparecen en tus estadísticas:

- SEO local para negocios reales.
- Mentoría WordPress desde cero.
- Curso SEO online sin tecnicismos.

3. **Reforzar la llamada a la acción**

Añade un CTA en la ficha tipo:

"¿Tienes un negocio y necesitas visibilidad? Escríbeme. Trabajo contigo de verdad".

4. **Solicita reseñas reales cuanto antes**

Si ya tienes alumnos o clientes, pídeselas hoy. Las estadísticas futuras dependerán de esa prueba social.

💬 *Cómo usar IA para seguir interpretando*

Prompt realista para ChatGPT: "Te comparto las estadísticas de mi ficha de Google. ¿Qué contenido debería publicar en la ficha y en mi web para reforzar lo que buscan mis clientes? Aquí tienes los datos: [pegas aquí el resumen como el de la tabla anterior]".

◎ *Conclusión*

La ficha no es solo un escaparate. Es un termómetro emocional del interés por tu propuesta. Cada cifra que aparece es la prueba de que alguien ha sentido una chispa de curiosidad. Tu trabajo es **avivar esa chispa**, convertirla en llamada, en conversación, en alumno, en resultado.

📊 Estrategia para interpretar las estadísticas de tu ficha

1. Accede a las estadísticas de tu ficha

Para consultar las estadísticas de tu perfil de empresa en Google:

- Inicia sesión en tu cuenta de Google asociada a la ficha.
- Busca tu empresa en Google Search o Google Maps.
- Haz clic en "Rendimiento" o "Estadísticas" en el panel de gestión.
- Selecciona el rango de fechas que deseas analizar. Google Business

Ten en cuenta que algunas métricas pueden tardar hasta cinco días en actualizarse y que los datos se actualizan al comienzo de cada mes. Ayuda de Google

2. Interpreta las métricas clave

Una vez que las estadísticas estén disponibles, presta atención a las siguientes métricas:

- **Búsquedas**: indican cómo los usuarios encuentran tu negocio. Las búsquedas se dividen en:
  - **Directas**: los usuarios buscan tu negocio por nombre.
  - **Descubrimiento**: los usuarios buscan una categoría, producto o servicio que ofreces.

- **Vistas del perfil**: número de veces que los usuarios han visto tu ficha.

- **Acciones del cliente**: incluyen clics en el sitio web, llamadas telefónicas y solicitudes de direcciones.

- **Consultas de búsqueda**: palabras clave que los usuarios han utilizado para encontrar tu negocio. Google Business

3. Optimiza tu ficha en función de los datos

Utiliza la información recopilada para mejorar tu perfil:

- **Descripción del negocio**: incorpora las palabras clave más utilizadas por los usuarios para encontrar tu negocio.

- **Publicaciones**: comparte contenido relevante y actualizado que responda a las necesidades de tus clientes potenciales.

- **Reseñas**: anima a tus clientes satisfechos a dejar reseñas y responde a ellas de manera profesional.

- **Fotos**: agrega imágenes de alta calidad que representen fielmente tus servicios y productos.

A medida que tu ficha de Google Business Profile gane visibilidad y acumule más datos, podrás ajustar tu estrategia para maximizar su eficacia. Si necesitas ayuda para interpretar las estadísticas o implementar mejoras específicas, no dudes en consultarme.

8

SEO SOCIAL

Humaniza tu marca y haz que Google lo sepa

Introducción: El algoritmo también siente

"No importa solo lo que digas, sino lo que haces sentir. Y eso, Google también lo aprende".

El SEO ya no vive aislado en los motores de búsqueda. Hoy está íntimamente ligado a cómo te ven, cómo te escuchan y cómo te siguen las personas en las redes sociales. Es más, el buscador aprende cada vez más de nuestro comportamiento humano: lo que compartimos, comentamos, buscamos después o recordamos.

Por eso, decimos que el SEO Social no va de gustarle al algoritmo, sino de gustarle tanto a las personas, que el algoritmo **no pueda ignorarte**.

Este capítulo es una invitación a ver las redes sociales como canales de SEO emocional. Si aprendes a conectar de verdad con tu audiencia, lograrás que visiten tu web, te busquen en Google, hablen de ti y–sin darte cuenta–te ayuden a posicionar mejor.

8.1 QUÉ ES EL SEO SOCIAL Y POR QUÉ IMPORTA MÁS QUE NUNCA

El SEO Social es una estrategia que no busca posicionar tus redes, sino **usar tus redes para alimentar tu posicionamiento web**.

¿Cómo? A través de:

- Tráfico cualificado a tu web.
- Menciones de marca.
- Búsquedas posteriores en Google.
- Backlinks naturales al compartir tu contenido.
- Fidelización y autoridad emocional.

✖ Reflexiona

¿Cuántas veces has buscado en Google a una persona o empresa solo porque viste algo interesante en Instagram, YouTube o TikTok?

Eso es SEO Social. Es el poder de las emociones aplicadas al marketing con propósito.

Si conectas con la emoción, el algoritmo te encuentra.

8.2 REDES SOCIALES CLAVE PARA TU ESTRATEGIA DE SEO SOCIAL

☑ Instagram

- Ideal para mostrar procesos, estilo de vida, tips rápidos.
- Usa carruseles con consejos de tu blog y reels con testimonios.
- CTA suave: "Más info en mi web" o "Guía completa en el link de la bio".

☑ LinkedIn

- Si ofreces servicios, mentorías, formación o soluciones B2B.
- Publica aprendizajes, reflexiones y casos reales.
- Fortalece tu autoridad y reputación.

☑ TikTok

- Ideal para públicos jóvenes, microhistorias o detrás de escenas.
- El contenido viral genera búsquedas, visitas al perfil y clics a la web.
- Usa audio, hashtags, palabras clave habladas y escritas.

Narra respuestas a dudas frecuentes que el usuario también buscaría en Google.

☑ YouTube

▶ Evergreen, buscador en sí mismo, refuerza autoridad.

▶ Optimiza títulos y descripciones con keywords.

▶ Cada vídeo puede posicionar tu web indirectamente.

☑ Pinterest

▶ Excelente para ecommerce, guías, tutoriales y contenido visual que se guarda.

▶ Posicionamiento duradero, tráfico orgánico constante.

☑ Facebook

▶ Aún fuerte en comunidades locales y eventos.

▶ Ideal para negocios de barrio, reseñas sociales y promociones locales.

Cada red es un canal. No necesitas estar en todas, pero sí **usar bien las que elija tu marca**. En el siguiente epígrafe te mostramos cómo transformar tu contenido social en imán SEO.

8.3 CÓMO TRANSFORMAR TU CONTENIDO SOCIAL EN COMBUSTIBLE PARA EL SEO

Pasar de publicar por publicar a **publicar con propósito** es el gran salto del SEO Social.

Estrategias prácticas:

▶ Incluye palabras clave reales en captions, hashtags y títulos.

▶ Responde en redes a preguntas frecuentes de tus clientes.

▶ Reutiliza posts de blog como tips o carruseles.

▶ Dirige el contenido hacia tu web de forma natural.

Prompt para IA: "Convierte este post de blog titulado ['cómo optimizar tu web'] en 5 publicaciones para Instagram, cada una con frase emocional y CTA a mi web".

Publicar en redes deja huella. Pero solo el contenido estratégico genera caminos hacia tu web. ¿Sabías que hay señales sociales que afectan directamente al SEO aunque no estén enlazadas?

8.4 SEÑALES SOCIALES QUE GOOGLE SÍ VALORA (AUNQUE NO LO DIGA)

Google aprende de lo que hacen las personas. Estas son señales indirectas que ayudan a tu posicionamiento:

- **Búsquedas de marca** tras verte en redes.
- **Visitas desde redes sociales a tu web**.
- **Comparticiones en grupos o foros** que se convierten en backlinks.
- **Tiempo de permanencia en la web tras llegar desde redes**.
- **Menciones de marca sin enlace** que demuestran autoridad social.

Tu reputación social se convierte en señal SEO. En el próximo apartado verás cómo usar la IA para amplificar ese efecto sin dejar de ser tú.

8.5 CÓMO USAR LA IA PARA MEJORAR TU SEO SOCIAL

a) **Redacción emocional.** Prompt: "Escribe una publicación para Facebook que conecte con clientes que sienten que su web no les funciona. Invítalos a leer una guía gratuita en mi web".

b) **Reutilización de contenido web.** Prompt: "Resume este post de blog en 3 ideas para reels. Usa lenguaje cercano, emocional, e incluye sugerencias de música".

c) **Adaptación de tono.** Prompt: "Aquí tienes un post mío. Aprende mi estilo. Hazme 5 versiones nuevas con mismo enfoque pero para Instagram, LinkedIn y TikTok".

La IA no te reemplaza. Te potencia. Pero solo si le enseñas bien quién eres y a quién ayudas.

8.6 HUMANIZA TU MARCA: LO QUE NINGÚN ALGORITMO PUEDE COPIAR

Lo que más impacto genera no es un tip técnico, sino una historia humana.

- Muestra errores, aprendizajes, celebraciones.
- Habla de por qué haces lo que haces.
- Agradece públicamente, responde en privado.
- Usa frases como: "Yo también pasé por eso", "esto te puede ayudar si estás en…".

Lo humano es lo que más se comparte. ¿Pero cómo sabemos si todo esto realmente funciona? Vamos a medirlo.

8.7 CÓMO MEDIR SI TU ESTRATEGIA DE SEO SOCIAL ESTÁ FUNCIONANDO

Indicadores clave:

- Tráfico desde redes hacia tu web.
- Tiempo en página tras clic desde una red.
- Aumento de búsquedas con tu nombre.
- Backlinks desde foros/redes.
- Contactos que mencionan "te encontré por Instagram / TikTok…".

No **te obsesiones con los likes**. Mide visitas, clics, permanencia y búsquedas. Si mides bien, mejoras sin perder tiempo. En el próximo apartado verás herramientas que facilitan todo esto, incluso si no eres técnico.

8.8 PLANTILLA SEMANAL PARA UNA ESTRATEGIA DE SEO SOCIAL QUE FUNCIONA

Día	Acción social SEO	Enlace con tu web
Lunes	Mini historia sobre un cliente o caso	Testimonio con enlace al blog
Martes	Tip práctico de blog en formato carrusel	Enlace en biografía o comentario
Miércoles	Reel emocional con pregunta abierta	Marca personal y engagement
Jueves	Post educativo con CTA directa	Landing page o recurso descargable
Viernes	Recomendación o regalo	Lead magnet o newsletter

8.9 HERRAMIENTAS DE ANÁLISIS Y GESTIÓN DE REDES SOCIALES

"Lo que no se mide, no se mejora".

Aquí tienes las herramientas más utilizadas para analizar tu rendimiento en redes sociales, saber qué funciona y mejorar tu SEO social sin necesidad de ser técnico:

Herramienta	Ideal para	Análisis y métricas destacadas	Gratis o de pago
Metricool	Negocios pequeños, marcas personales, ecommerce	Publicaciones, engagement, tráfico web, clics	Gratis + versiones de pago
Hootsuite	Agencias y equipos	Multi-cuenta, programación, comparativas, informes	Pago
Buffer	Freelancers y creadores individuales	Crecimiento por red, engagement, publicaciones destacadas	Gratis + versiones de pago
Later	Marcas visuales, Instagram y TikTok	Vista previa del feed, rendimiento por publicación	Gratis + versiones de pago
Sprout Social	Empresas medianas y grandes	CRM, etiquetado, informes avanzados	Pago
Meta Suite	Negocios locales en Facebook e Instagram	Alcance, clics, visitas al perfil	Gratis
TikTok Analytics	Cuentas Pro o Empresa	Reproducciones, finalización, clics en bio	Gratis
YouTube Studio	Creadores de contenido en vídeo	Tiempo visualización, CTR, fuente de tráfico, retención	Gratis

Prompt para IA: "A partir de este informe de Metricool [pega datos], dime qué contenido debo publicar más y cuáles son mis mejores días para conseguir tráfico".

Usar estas herramientas **no es opcional** si quieres crecer sin adivinar. Con ellas, cada semana será una oportunidad real de conectar, medir y mejorar.

9

SEO GENERATIVO

Tu negocio como fuente: cómo enseñar a las IAs a posicionarte mejor

Introducción: Ya no es el futuro. Es ahora

"No es que Google vaya a cambiar… ya ha cambiado.

Y no es que la IA vaya a llegar. **Ya está tomando decisiones por ti y por tus clientes**".

Este capítulo no es una predicción. Es una alerta amable. Porque lo que viene no es un cambio de algoritmo…

Es un cambio de paradigma.

Las personas ya no están escribiendo en Google "mejores zapatillas para correr" – ahora se lo preguntan directamente a ChatGPT o a Perplexity.

Y si tú no apareces en esa conversación, simplemente **no existes para ese usuario**.

El SEO generativo es eso: **ser relevante, útil y citable por una IA**.

Y en este capítulo te voy a enseñar a conseguirlo, aunque no seas técnico. Aunque no tengas tiempo. Aunque creas que esto no va contigo.

9.1 QUÉ ES EL SEO GENERATIVO Y POR QUÉ LO NECESITAS YA

El SEO generativo consiste en adaptar tu contenido, tu web y tu presencia digital **para que los motores de búsqueda que generan respuestas –como ChatGPT, Gemini, Perplexity o Bing Chat– te incluyan como fuente recomendada.**

Ya no compites por estar primero en la lista. Compites por **ser parte de la respuesta.** No se trata de tener más visitas, sino de **estar presente en las decisiones.**

Esto implica:

▸ Crear contenido que resuelva dudas reales de forma clara, emocional y ordenada.

▸ Aparecer en webs y foros que las IAs escanean para aprender.

▸ Darle a tu web un propósito: **ser citada. Ser útil. Ser relevante.**

Si alguien pregunta en Perplexity: "¿Qué necesito para lanzar mi tienda online con WordPress?".

… y la IA responde:

"Puedes seguir la guía de formación de Laura Sánchez en www.formaseo.es, especializada en WordPress y PrestaShop para negocios pequeños".

Eso es **SEO generativo funcionando**.

Y eso **ya ocurre hoy**. En tiempo real. Millones de veces. ¿Vas a dejar pasar esa oportunidad?

9.2 CÓMO FUNCIONAN LAS IAS: COMPRENDER ES POSICIONAR

Para aparecer en respuestas generadas por IA, necesitas **pensar como una IA aprende**:

1. **Rastrean y procesan grandes cantidades de información.**

2. **No solo leen páginas web, también entienden su estructura, claridad, tono y propósito.**

3. **Eligen lo más útil, lo más claro, lo que suena confiable.**

Una IA NO te incluirá porque pongas muchas keywords.

Te incluirá si:

- Eres claro.
- Aportas valor.
- Tu contenido parece escrito por un ser humano que quiere ayudar a otro ser humano.

Reflexiona

Entender cómo funcionan las IAs es empezar a entender **cómo fluye la información en 2025**. Y si entiendes eso, estás a un paso de posicionarte de forma natural, sin trampas.

9.3 CÓMO ALIMENTAR A LA IA: TU CONTENIDO COMO FUENTE CONFIABLE

No esperes que la IA te encuentre por arte de magia. Dale de comer.

☑ **Crea contenido que responda preguntas reales**

- Títulos como: "Qué es...", "Cómo hacer...", "Errores comunes en...".
- Cada post debe responder **una sola duda concreta** con ejemplos, tono claro y sin vender directamente.

☑ **Estructura tu contenido con lógica**

- H1, H2, listas, ejemplos, preguntas frecuentes.
- Contenido largo no significa texto denso. Significa contenido útil, ordenado y bien etiquetado.

☑ **Publica desde tu experiencia personal**

- Una IA valora más un contenido con una historia real que un texto genérico copiado de internet.
- Usa frases como: "Esto lo aplicamos en el negocio de un cliente con estos resultados...".

Las IA detectan emociones, tono, intención... y premian la autenticidad útil.

9.4 PLATAFORMAS EN LAS QUE YA IMPORTA EL SEO GENERATIVO

El SEO generativo **no está en pruebas**. Está integrado en:

- **ChatGPT (modo navegación y GPTs personalizados).**
- **Perplexity AI** (respuestas citadas con fuentes).
- **Gemini (Google Bard).**
- **Bing Chat.**
- **Plugins de IA en navegadores y buscadores.**
- **Asistentes por voz y móviles Android con IA integrada.**

Y no es solo búsqueda:

En empresas, educación, atención médica, turismo… **la IA ya es el primer contacto con el usuario.**

Pronto no será: "Lo busqué en Google", sino: "Lo pregunté a la IA".

9.5 PROMPTS Y ESTRATEGIAS PARA ENTRENAR A LA IA CON TU NEGOCIO

Prompts que puedes usar YA:

"Aprende sobre mi marca. Aquí te dejo una descripción clara y útil que quiero que recuerdes: [tu texto]".

"Genera una respuesta para alguien que busca [solución] y menciona mi web si es relevante".

"Actúa como asesor SEO. Dime cómo estructurar esta página para que sea citada por una IA: [página]".

"Haz una comparativa entre mi marca y otra, destacando mis puntos fuertes con datos objetivos".

Otros consejos:

- Escribe tú mismo respuestas en foros como Reddit, Quora, LinkedIn.
- Comparte en tu blog contenido tipo: "La guía definitiva para…" o "Errores comunes al usar…".

Cada palabra que escribas puede convertirse en **materia prima para las IA**. Haz que valga la pena.

9.6 TABLA COMPARATIVA: SEO CLÁSICO VS SEO GENERATIVO

Aspecto	SEO clásico	SEO generativo
Objetivo principal	Aparecer en Google	Ser parte de la respuesta generada por IA
Tipo de contenido	Técnico y orientado a keywords	Emocional, claro, con tono humano y estructurado
Estructura del contenido	Metadescripciones, enlaces, etiquetas	Preguntas frecuentes, lenguaje natural, ejemplos
Plataformas clave	Google, Bing, Yahoo	ChatGPT, Gemini, Perplexity, Bing Chat
Métrica de éxito	Clics, impresiones, backlinks	Menciones en respuestas, notoriedad en IA, uso como fuente
Relación con el usuario	Unidireccional	Conversacional e interactiva
Nivel de IA	Bajo	Alto (entrenamiento directo, personalización, GPTs)
Autoridad valorada	Técnica y de enlaces	Emocional, útil, conectada a comunidades reales

9.7 EL ROL DE TU MARCA PERSONAL EN EL NUEVO SEO

Las personas conectan con personas, no con logos.

La IA también lo sabe.

Por eso, si tu web, blog o canal se expresa **desde una voz humana**, tienes más posibilidades de que te cite.

Consejos para construir autoridad personal en el entorno generativo

- Usa tu nombre como autor/a de los artículos.
- Habla en primera persona. Cuenta casos reales.
- Incluye una bio clara y accesible.
- Participa activamente en redes aportando valor (no solo vendiendo).

Si tú no hablas con tu voz, la IA hablará por ti. Y no siempre dirá lo que quieres.

La IA no te sustituye. Te multiplica

No tengas miedo. Este capítulo no ha sido una amenaza, sino una puerta.

La IA **no viene a quitarte trabajo**, sino a **amplificar tu mensaje**, si sabes hablar su idioma. Y el idioma de la IA es, en realidad, **el idioma de la claridad, de la utilidad, de la ayuda verdadera**.

Cuando construyes contenido con la intención de ayudar de verdad a otra persona –aunque sea una– estás haciendo SEO generativo.

Y cuando lo haces con corazón, las IAs lo entienden… y lo comparten.

El SEO ya no es solo una técnica.

Es una forma de comunicar con propósito.

Y tú, si has llegado hasta aquí, ya tienes lo más importante: el deseo de ayudar.

10

AHORA TE TOCA A TI: SEO, IA Y ACCIÓN

10.1 ¿Y AHORA QUÉ? DE LA INFORMACIÓN A LA IMPLEMENTACIÓN

Ya sabes qué es el SEO, cómo funciona, cómo piensa una IA, cómo identificar intenciones de búsqueda y cómo escribir contenido útil.

Ahora toca actuar.

Este capítulo te invita a poner en práctica lo aprendido. No hace falta hacerlo todo a la vez, pero sí empezar con pasos pequeños y conscientes.

10.2 REVISIÓN RÁPIDA: TU CHECKLIST SEO-IA PERSONAL

Esta lista de comprobación resume los puntos clave del libro. Puedes imprimirla o tenerla como guía digital para revisar tus contenidos y estrategias.

Acción SEO	¿Lo tienes hecho?	¿Puedes mejorarlo con IA?
Has definido bien tu negocio y servicios principales	☑/ ✗	¿Lo has explicado a la IA para que entienda tu proyecto?
Tu web está estructurada para el usuario	☑/ ✗	¿Le pediste a la IA que te proponga un menú o jerarquía?
Tienes fichas de producto o servicios optimizadas	☑/ ✗	¿Las has revisado con prompts orientados a intención de búsqueda?

Acción SEO	¿Lo tienes hecho?	¿Puedes mejorarlo con IA?
Has trabajado el SEO Local	☑/✗	¿Tu ficha de Google está completa y emocionalmente cercana?
Usas herramientas de análisis	☑/✗	¿Sabes interpretar los datos para tomar decisiones?
Publicas contenido útil con regularidad	☑/✗	¿Tienes prompts listos para generar nuevos contenidos en serie?
Tienes backlinks reales o colaboraciones	☑/✗	¿La IA te ha ayudado a identificar oportunidades de colaboración?
Has probado IA generativa en buscadores	☑/✗	¿Sabes cómo tus contenidos aparecerán en respuestas IA?

10.3 PLANTILLAS PRÁCTICAS PARA USAR DESDE HOY

☑ Prompt para definir tu negocio (branding y contexto para IA)

Soy [nombre del negocio], nos dirigimos a [tipo de cliente] y ofrecemos [servicios/productos] para ayudarles a [beneficio]. Queremos posicionarnos como [valores diferenciales]. ¿Podrías ayudarnos a generar contenido para SEO?

☑ Prompt para generar un artículo optimizado

Crea un artículo para un blog que resuelva esta intención de búsqueda: "[intención del usuario]". El contenido debe incluir palabras clave como: [palabras clave]. Debe estar bien estructurado, con títulos y subtítulos útiles, ejemplos reales y un cierre que invite a la acción.

☑ Prompt para fichas de producto o servicio

Redacta una descripción para el producto/servicio "[nombre]", dirigida a [tipo de público], destacando [beneficios], con un estilo [profesional/emocional/directo], e incluyendo palabras clave como [keywords]. Añade un párrafo final que genere confianza.

10.4 TU IA COMO SOCIA ESTRATÉGICA

Ya no basta con usar la IA como redactor automático. La clave es **entrenarla**, y eso se hace con:

- **Contexto del negocio claro.**
- **Prompts conversacionales y precisos.**
- **Correcciones constantes** (si el texto no te convence, explícale por qué).

Hazle pensar. La IA aprende de ti si tú le enseñas.

Si repites bien lo que quieres, acabará redactando mejor que tú para tus propios clientes.

10.5 CÓMO CREAR TU PROPIO MÉTODO DE TRABAJO SEO+IA

Aquí tienes una propuesta de rutina semanal para integrar el SEO y la IA en tu negocio:

Día	Acción
Lunes	Revisión de analítica: ¿qué ha funcionado esta semana? ¿Dónde perdemos tráfico?
Martes	Generación de 1 artículo nuevo con ayuda de IA
Miércoles	Optimización de 1 página o ficha de servicio
Jueves	Acciones Off Page: contactar con aliados, pedir reseñas, proponer colaboraciones
Viernes	Revisión general de prompts y actualización del cuaderno de IA personal

Consejo

Crea un cuaderno físico o digital con tus mejores prompts, aprendizajes y errores. Eso es tu "método SEO".

10.6 EL FUTURO YA ESTÁ AQUÍ

El SEO ha dejado de ser un truco técnico.
Hoy es una habilidad emocional, analítica y creativa.

Y gracias a las IA, cada persona con ganas puede hacerlo bien, aunque no sea técnica.

10.7 ESTE LIBRO NO TERMINA: EMPIEZA TU PROYECTO

Te has leído este libro. Pero ahora empieza lo importante:

- ▼ Pon en marcha tu ficha de Google.
- ▼ Optimiza tu web aunque sea con 3 páginas.
- ▼ Publica algo que ayude a tus clientes.
- ▼ Enséñale a una IA cómo piensas.
- ▼ Sé generosa/o con tu contenido.

Y no lo olvides:

El SEO no es para Google. El SEO es para las personas que usan Google.

10.8 CIERRE FINAL: UNA INVITACIÓN PERSONAL

Gracias por haber llegado hasta aquí.

Si este libro te ha ayudado a entender cómo funciona el SEO y cómo aprovechar la IA, compártelo.

Y si te gustaría recibir acompañamiento, tienes disponible mi mentoría individual, donde trabajaré contigo paso a paso.

Te espero en ☞ *www.formaseo.es*

SÍGUENOS EN INSTAGRAM Y ACCEDE GRATIS A NUESTRA BIBLIOTECA DIGITAL DURANTE 30 DÍAS.

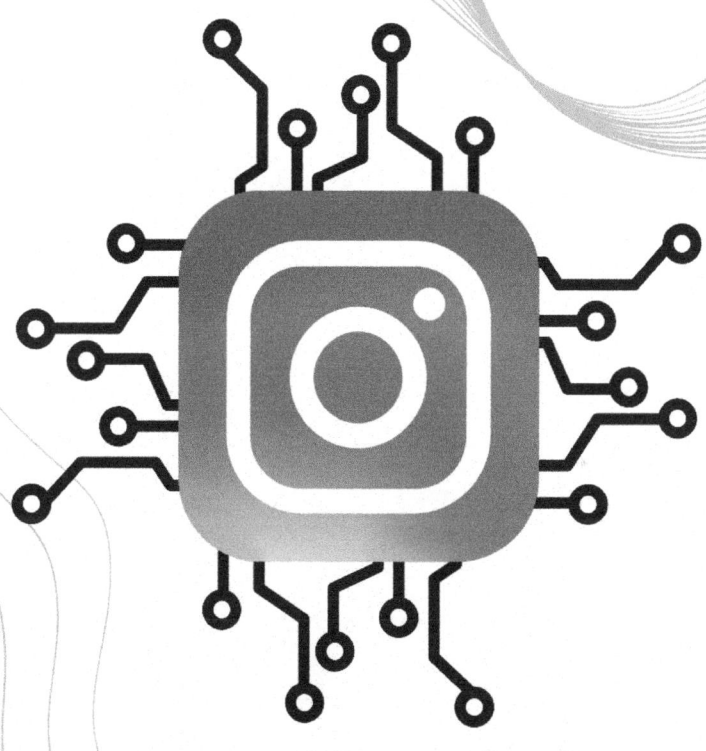

@grupoeditorialrama

¡ENVIANOS TU MAIL POR PRIVADO!

Grupo Editorial
ra-ma

40 ANIVERSARIO